總結性教學知覺評量與評鑑

——以醒吾技術學院為例

呂祖琛　著

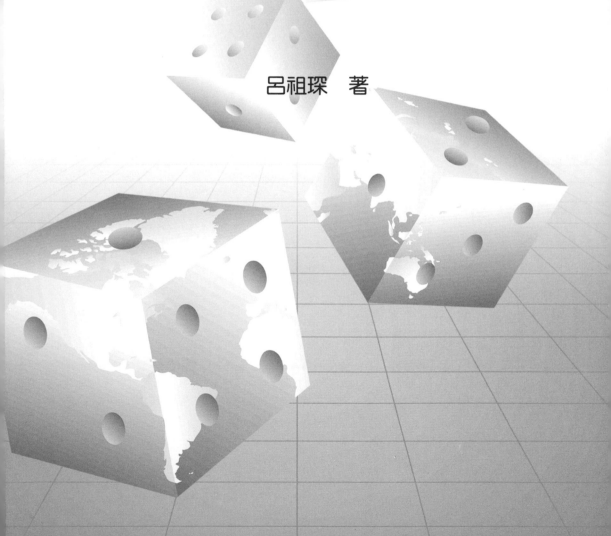

作者簡介

呂祖琛

1943 年生。國立政治大學教育學博士。從事教育工作歷三十餘年，曾專任台東師專講師，台北師專講師，台北商業技術學院講師、副教授，前後並曾兼任課務組組長、實習組組長、就業輔導室主任、心理輔導中心主任、圖書館主任、夜間進修部主任等行政職務。現專任醒吾技術學院企管系副教授，擔任「管理概論」、「組織行為」、「人力資源管理」等課程，兼任教務處教學品質策進組顧問、教學資源中心教學評鑑組組長、教學評鑑研究發展策進委員會研發小組召集人。著有《教育導論》、《初等教育——理論與實務》及多篇專文。

目次

附錄

推薦序

健全教學評鑑機制以提昇教學品質

卓越的教學品質為高等學府辦學的一項主要方針，即使是世界頂尖的研究型校院，對其重視的程度也毫不輕忽。卓越的教學品質是未來人才能否具有競爭實力的關鍵，它的成敗影響教育品質的良窳，進而影響整個社會國家的文明發展。教學品質是教育的基礎，其重要性不言可喻。

問題是：如何提昇教學品質？無疑地，這是校院辦學者必須承擔的主要職責。提昇教學品質的方法頗為複雜多端；大抵須從教學行政、教師、課程教材教法、學生等四大面向分別著力。先就教學行政面向言，須致力於教學環境、教學設備、教學評鑑機制、教學激勵機制、學習激勵機制、校園學習型文化等制度的建置與有效運作為目標。次就教師面向言，須致力於教師在知識、實務經驗、道德操守等的專業學養、教學技能、教學熱誠上精進的修習機制之形塑為重點。再就課程教材教法言，須妥善建構課程教材教法，設置知識與技能、理論與實務、人文美藝與科技為主軸的精實課程體系，並在教材適切性及教法有效性上來落實課程的設置。最後就學生面向言，須致力於學生學力基礎、學習能力、學習投入、學習風格等層面的加強與輔導制度來落實。

惟前述提昇教學品質四大面向之各層面所建立的機制是否完備有效，需有一教學研究發展暨評鑑機制為之管理與控制。此做為管控功能之教學研究發展暨評鑑機制，須依教務行政單位、開課單位、任課教師所擔當不同性質的評量／鑑角色，而有總結性教學評鑑與形成性教學評鑑兩大類別。前者係由外而內，多由教務行政單位及開課單位所主導；後者則由內而外，側重教師內在自我導向，多由教師自我認同的角色來決定。教學評鑑涵蓋不同的主客體，並涉及多元的評量／鑑角色；因此，須有一跨功能單位的組織體來做

為溝通、協調,並對重要議題加以審議及決定的機構來克盡全功。

　　呂博士祖琛在本校教學評鑑制度的建置與改善,以及本校總結性學生教學知覺評量／鑑機制的研發與策進方面,多年來付出許多心力,對於提昇本校教學品質的進步,功不可沒。本書所展現的研發結論,情理允當,符合教育精義,不僅可供做本校教學行政之參考,而且亦可提供其他友校借鏡,特為之序。

袁保新

(醒吾技術學院前任校長)

2008 年 7 月於醒吾技術學院

自序

回顧與期盼

本書原為參加研討會的一篇專題報告，有幸忝為執筆人，多年來參與學校教師教學評鑑研發與推展方面的實務工作，一路漫長走來的經歷，同仁們投入的心力，以及做出來的一些東西，若能彙集成冊，或可見證醒吾技術學院為提昇教學品質進行研發與推展本專案計畫的歷史紀錄，同時也期盼能對大學校院教學知覺評量與評鑑之理論研究與實務工作提供若干參考。

筆者在大學、碩、博士班就讀期間，浸潤於人文社會氣息濃郁的政治大學校園，經由課堂內外師長們的啟蒙、訓練、薰陶與思辨，師長們氣度恢弘的胸襟，傳承文化精粹的執著，成為學生衷心信服追隨的典範。期間曾修讀過黃師國彥教授的「教學原理」、「心理與教育評量」，黃師炳煌教授的「教學評鑑」、張師壽山教授的「教學心理研究」、林師邦傑教授的「教育與心理統計分析」等課程，均直接與教學評鑑有關。

69 年初春，淡江大學聘請何福田學長主持教育科學研究室業務，筆者與林萬義、蔡培村等學長受聘為該室研究員。起初，我們主要的工作項目之一，即是研發一套淡江大學學生對教師教學滿意度評量／鑑的機制。當時在評量表的設計上，除了參考美國幾所大學的評量表編成統一的版本外，尚留有空間保留各系納入其他的項目與選項。評量表統一由教務處印製，由系助教於期末最後兩週內到課堂上施測，然後交由電算中心讀卡並進行統計處理分析作業；最後，任課老師可收到全班學生在每一項目、組合項目、總體的人數、百分比、均數、標準差等統計量。在全校教務行政會議中，校長與教學單位主管一一檢視各系教師的集體趨勢與個別現象，尤其針對最低門檻以下的教師，做出原則性的決定。在 60 年代末期，這可能是國內大學由教學行政部門主導研發及施行學生教學滿意度評量／鑑機制的首例。當年一切都

順理成章地進行著，不過偶而也耳聞部分教師，在心理上有著相當大的壓力，同時私底下也有一些異議。

隔年筆者轉至台北商專任教，逾十年後（80年）受聘兼任夜間部主任，同時奉校長口諭偕同教務處電算中心，研發學生對教師教學意見反應評量機制。80學年度上學期，校長召開校務會議，將本項研發與推行的計畫列入了議程，記得會議中，筆者對本案說明後，隨即受到幾位教師委員嚴厲抨擊，認為它嚴重地反教育，違害師生倫常，無疑是鬥爭工具等，當時氣氛甚為尷尬，最後在資深委員建議下，本案由校長裁示通過進行，會後好一段日子，有些老師對筆者仍頗有微辭。當時這一套機制與十年前淡江大學的差異不大，也有不少老師私下告訴筆者這套機制設計得很好，學校要進步，就應該這樣去做；但是反對者依然反對，甚至理性對話的機會也不可得。82年2月新任校長上任未久，這套機制就停止實施。這一段的經歷筆者甚感珍貴，讓筆者體驗到事情最難之處是學校的文化與教師觀念及行為的偏差，也認識到在引進國外制度的過程中，所牽連的種種衝突矛盾，亟需審慎及智慧地調適與溝通。

91年8月醒吾技術學院擬研發及推動學生對教師教學知覺評量／鑑，筆者適逢其會，也就開始了這段在醒吾的教職生涯。袁校長保新精準地掌握了學校發展策略與方向，銳意改革蛻變，領導嶄新觀念，接受嚴峻挑戰，創造生機新路，在主持校政的數年期間，學校有了煥然一新的進步。在這股因應變革的氛圍中，校長的鼎力支持，各系科室同仁的傾力協作，教務處、電算中心同仁及電腦公司工程師的積極配合，研發及推動學生對教師教學知覺評量／鑑機制的工作，進行得相當順利，本書即是彙集了研發及推動過程中主要的成果。

在本書即將付梓之前，筆者特別感念袁校長的信賴，將研發策進本案之重任交付，六年來念茲在茲者，但求盡心竭力，不負所托。本書之出版，也是袁校長任內領導的一項計畫案的完整紀錄，或可做為袁校長保新任職醒吾

七年的一項紀念！

　　本書內容，闕陋難免，甚盼先進方家賜教為感。

　　最後，要特別感謝心理出版社林副總經理敬堯先生的慨允出版。

呂祖琛謹識

2008 年 7 月於醒吾技術學院企管系

總結性教學知覺評量與評鑑機制的研發理念

一、先從教師評鑑談起

　　大學校院的辦學經營，教師為主要的人力資源，教師能否有效施展教學、研究、服務的功能，影響著經營效果。教師的工作績效，須透過「教師評鑑」（faculty performance evaluation）的過程與評核手段，最後做出決定。「教學評鑑」（instructional evaluation）乃是**「教師評鑑」**的一環；它比較著重於教師在教學的效果或表現上（effectiveness or performance）之決定。基本上，「評鑑」（evaluation）是透過「測量」（measurement）→「評量」（assessment）→「評核」（appraisal）的成串作業，從蒐集資料（data），轉成資訊（information），到最後提供決策人員做出決定的一系列相關作業之過程。在系統層次上，「評鑑」涵蓋了「測量」、「評量」、「評核」等基礎作業。

　　「教學評量」（instructional assessment）一詞有廣狹二義。廣義上，它是指在一段教學活動的過程中，針對某些主要的教學成果或學習行為，透過評量工具與方式的設計，實施評量以決定其表現的程度及其在教學上所顯示的意義。而狹義上，它是指任課教師對其教學所建立的教學目標，透過評量工具與方式的設計，實施評量以確定其實現的程度，做為學生學業成績的決定。通常狹義的「教學評量」只是廣義的「各種類別或功能的教學評量」之中的一種。

　　其實，**「學生教學知覺評量」**（students ratings of instructional perception）是廣義的「教學評量」多種形式中的一種。它將評量的對象放在學生對任課教師安排及實施教學過程中的經驗所起的認知與感受上。依據有效教

學的要素設計教學知覺評量表，藉以蒐集學生對任課教師所授課程教學的知覺狀況。通常這種學生的教學知覺常被視為學生對教學滿意程度的一種指標。有關研究顯示：「學生的教學知覺」（簡稱「學知」）與學生的學習行為、學習成果之間有著相當複雜的關係。

　　一般而言，教學知覺評量與評鑑隨著使用的目的，可分為「**總結性評量與評鑑**」（summative assessment/evaluation）及「**形成性評量與評鑑**」（formative assessment/evaluation）兩類。前者的目的較為側重在某一階段完成或結束時，得知學生對整個教學及特定教學因素上的知覺狀況，以資做為教師個人教學精進以及教學行政決定（如排課、續聘、薪等、師資培訓）的參考；因此，總結性評量與評鑑常由學校所設的專責部門或單位負責。至於後者的目的則較側重教師在每個單元教學過程中，適時掌握學生學知反應資訊，俾及時與學生有效溝通，調整適應，形成有效的教導與學習。因此，形成性評量與評鑑常由教師自行實施；此外，尚因學系與課程性質迥異，各系應發展系內任課教師適合的形成性評量與評鑑。有關研究證實：平時教師做了有效的形成性評量與評鑑，將明顯地有利於教師的總結性評量與評鑑的結果。

二、研發總結性學生教學知覺評量與評鑑機制的基本理念

　　從研發及推動本案工作之初，筆者就思考朝著可行之長遠，並不斷進步發展的制度理想來規劃設計。在綜合相關研究之後，確立以下七點根本的價值理念，以做為整個機制研發及推展的核心：

　　1.**教育為本**：毋庸諱言，有些學者認為學校的此類評鑑機制，係基於西方民主政治裡民意調查的理念；也有論者認為它跟商業社會制度下，企業重視消費者對商品及服務的滿意度有關。但是，將學生對教師教學意見或態度的調查，拿來比擬民意調查或消費者滿意度調查，總不免有些政治選舉和商業行銷的取向。我們以為學校終究應以教育為其本務，因此，不宜將學生純

粹視為付費購買知識技藝商品及輔導服務的消費者，也不宜將教師視為知識技藝商品及輔導服務的販賣者，將上課視為一種買賣關係的銷售和消費行為。其實，學生對教學意見或態度的調查有著豐富的教育內涵，從中可擴大學生的視野，涵泳學生客觀理性的思維，陶冶欣賞和適應不同教師的教學風格。正確宣導學生理解學知調查，導正學生對學知調查的心態及不當的作答行為，也都充滿了多種教育的意義。

2. **釐清體用**：任何制度終究是在特定社會文化時空下的產物。這些制度多少都受其文化傳統之影響，形成該制度獨具的特質。在學校行政制度形成的過程中，或有論者倡議師法權力均衡之說，謂學生有評鑑教師之權，以均衡教師權勢；甚至組織學生聯合會，爭取參與決定之權。基本上，學生作答教學意見或態度問卷並不是學生權力認可的表示，學生絕不是教師的制衡者，也絕非學校行政體系的替代打手；學生在自我意識上，亦不宜有假借行政之手以遂其對教師所願的意志，西方有些過激的或時興的論調，絕不宜不加批判就全盤移植過來。我們有必要將我國自古以來豐富寶貴的人文精神，做為制度設計的核心成分，他山之石固可借鏡，惟對於有礙校園文化健康發展的學說，實有必要勇於拒絕。

3. **尊師重道**：過去在校園裡，實施學生作答教學意見或態度問卷，以及進一步形成評量／鑑機制，都曾受到尖銳的反對。反對理由之一，是認為這些評量／鑑的實施使得尊師重道的學風受到嚴重的戕害，以致造成教師違逆教育之道，自棄教師人格操持，學生玩忽學習，以及輕慢鄙視教師之現象，日形惡化。此一觀點自然不是全無道理，且論者護教衛道用心，值得欽佩；惟尊師重道式微、學風沉淪，不宜全然歸咎於評量／鑑的實施，然亦不能否認不當的評量／鑑之實施與運用，的確也是前述現象可能的影響因素。因此，本專案的研發、各項作業的實施、資料的處理與運用等的每個面向及細節，都付出相當多的時間與心思，事先盡量做好宣導，讓師生在面對評量／鑑的不同作業上，都能持著教育觀點的立場、客觀全面的理解，以及正向積

極的態度,來做好自己的角色。只要論及教育,無分古今中外,尊師重道之形式多變,惟其原理本質仍歷久彌新。

4.**多重功能**:在本項研發專案開始規劃之初,就須考慮到整個研發結果所欲具備的功能;當然,所有的這些功能,需要分階段逐步地發展及穩固。在研發初期最重要的工作,是要設計能夠顯現多重意義的工具,包括教學知覺評量表、資料分析統計表件。教學知覺評量表須涵攝有效教學的要素,資料分析統計表件須呈現細部、組合及總體的重要統計量數。任課教師除了需要得到學生教學知覺回饋的統計量化資料外,尚可看到學生回饋的文字內容。研發中期的工作重點,則在設計可供教學單位主管及經授權之特定委員會委員參閱的資料分析統計表件。例如系主任可在一張表單上看到某一教師所有任教課程的學知重要統計量數;或看到系內所開某課程之所有任課教師的學知重要統計量數。研發後期的工作重點,則在設計可供部門主管參閱全校、各部、各學制為單位的學知重要統計量數,以及全校、各學群、各所系為單位的學知重要統計量數。

5.**促進策略**:本項研發專案除了要有系統地研發主體的作業體系之外,同時尚須研發輔助性的作業體系或利用既有的資源管道。例如:學生作答教學知覺量表的宣導、教師的諮詢服務、Q&A 手冊、資料分析統計表件的解讀與使用研習、教學資源中心的配合活動、教學知覺反應低門檻教師之教學知能成長學習等之配套措施,其目標皆在促進教師教學效能的提昇及改善。另外,研發總結性教學知覺評量與評鑑機制,固然旨在建立全校性教學品質的一種管控機制,不過若從整個學校教學品質經營管理的立場來看,在各教學單位內部,更應建立起教師教學品質自我管控機制;惟有系所內部的教學經營建立起這類形成性的教學品質管控機制之後,學校在教學品質管控與教學評量/評鑑機制的建置上,方可謂是大致齊備。因此,總結性教學知覺評量/評鑑機制的研發與推展,實際上也是在為形成性教學知覺評量/鑑的發展形成促動的推力,以及提供其設計上的參考架構。

6.**正名核實**：學界對於教學評量／鑑相關名詞，常有混用及誤用，以致形成積非成是的現象。造成這種混淆的原因之一，即是「教學評量／鑑」本身涉及教育哲學、教學原理、教學心理學、課程設計與教材教法、教育與心理測驗、教育與心理統計、大學校院行政管理、人力資源管理等領域中相關概念的整合運用。如缺乏這些基礎累積的素養，就不易察覺其間的差別或問題所在。另一個原因，是語言文字本身以簡短為貴，由於簡約之文字過少，極易造成讀者解讀之意與原意迥然不同的狀況。例如：英文的「students rating of instruction」，常被譯成中文「學生評鑑教學」；實際上，英文原意是指「學生在教學評量表上以評點方式作答」，但中譯讓人解讀為「學生在對教師教學的效能進行評鑑」。又如，英文的「instructional assessment/evaluation」一詞，意味著一大長串設計好的作業流程，經過這樣的程序，使當事人或相關人員得到有用的資訊，藉以做出好的決定；如果中文僅譯為「教學評量／鑑」，甚至學生於線上回饋教學知覺的入口名稱直接用「教學評量／鑑」，似乎有讓學生以為自己在評量／鑑教師教學；但是實際上，學生只是在評量／鑑過程上提供自己的知覺反應而已。如果不將這些事實釐清，教學評量／鑑不可能是在一個適當的心理環境下，獲得有效的進行。

7.**審慎善用**：研發一套「總結性學生教學知覺評量與教學評鑑」機制，若此機制已符合嚴謹的科學程序，達到足夠的信賴標準，即使到此地步，恐怕仍不能說大功告成了。研發與推展工作固然很辛苦地創造了很多有形可見的資訊，然而最大的難題，卻是在那些不可見到的無形之處。例如：到底是什麼「內心」的信念、觀點、情意在看待和使用所得到的資訊？儘管評量表的設計掌握了有效教學的要素，但學生的作答結果真能反應教師的教學效能嗎？抑或只是反映學生對教師教學的滿意度？學生的教學知覺和教師的教學效能之間，真能劃上等號嗎？學生的教學知覺會受到課程、性別、年齡、學制、學群、學系、性格、興趣、學習風格、教導風格、班級文化等因素的影響？可以想見答案是相當複雜的。甚至，有些重要的教學要素，例如教師的

教育熱誠、學養等常因其不具實體性而受到忽略。另外,學生本身的心理成熟度、學識水準、自我概念等都可能影響到他們的教學知覺。如果我們未顧及以上種種的複雜性,就逕自以某一教師的低教學知覺決定其教學績效為低於合格門檻,這樣很可能會落入嚴重誤判的錯誤;如果,校方又未能掌握其他明確的不適用證據,即不予續聘的話,很可能這樣的決定是頗有問題的。上世紀末葉,美國法院普遍判決校方敗訴的案例,一方面說明所謂「學生有評量/鑑教師教學之權」並無法律上的依據;另一方面也指出學生的教學知覺之影響因素既多且雜,不可單獨做為教學績效的唯一判準。

壹、前言

醒吾技術學院（以下簡稱本校）自民國 54 年創設商業專科學校，於 89 年改制為技術學院以來，迄今已近半個世紀。其間，經過歷任董事長、校長的高瞻遠矚，銳意創新的領導，以及全校教職員工生的不懈努力，現今已是一所具有商管、觀光餐旅、資訊、人文與社會等四大學群、十二學系、二研究所的規模。

教學是教育辦學的重心，教學評量是教師進行教學的重點工作；本校對於提昇教學品質，以強化教育功能，一直視為辦學的首要方針。因此，對於教師教學績效的了解以及教學職能的講求，皆是教務行政及系務經營的主要工作。長期以來，學校教務部門皆於每學期期末調查學生對於所修課程的教學知覺，並將結果做為改進教學的參考依據。惟教學評鑑領域之知識與技術日益精進，本校為期臻於理想水準，特於 91 年 8 月於教務處內增設教學評鑑研發策進工作小組召集人，並於 92 年 8 月增設教學品質策進組（簡稱教品組），正式開始針對本校學生課程學習之教學知覺評量／評鑑，在教師教學自我評鑑與教師教學績效評估的應用上，進行研究、發展與策進工作。

貳、相關組織的規劃、設置與運作

「教學評鑑」（Instructional Evaluation）一詞，係指針對教師在其任教課程教學的整個過程與實際效果，依據一套客觀測量（measure）、評量（assess）、評估（appraise）、決定（make decision）的通則與原理，所做的一連串蒐集教學績效資料，最後藉由適當的評鑑者和決策者（evaluator & decision-maker）以其教學專業的素養，做出各式各樣的決定（decisions）與措施（practices）。

　　而「教學評量」（Instructional Assessment）則是教師在任教課程的教學上，不斷地進行形成性評量（Formative Assessment），例如：口頭發問、小考（quiz）、練習題（exercise）、研究報告（paper）、觀察檢核單、診斷測驗等，以考量學生在教學目標上的距離水準和達到程度，俾便能適時予以加強、補救和調整教學。另外，在教學告一段落，要作一次總結性評量（summative assessment）以驗收教學成果；通常在高校一學期作兩次，即期中考試和期末考試。對於教師的教學評量所進行的評鑑，則屬「教學評鑑」的範疇層次。

　　因此，教學評鑑要做到理論與實際兼顧，必須正視其多元複雜的跨科際知能領域、跨行政與學術系統的特質。有鑑於此，本校袁校長保新領銜校內發展計畫小組規劃出以下「教學評鑑」研發策進工作的組織藍圖。

一、「教學評鑑研究發展策進委員會」的設置

1.「教學評鑑研究發展策進委員會」成立經過

　　教學評鑑系統的建立與健全運作，首先須有一專門的組織體，充分協同合作，提供卓知慧見，發揮集思廣益的議事功能。

　　91 年 11 月 26 日籌劃小組擬定「醒吾技術學院教學評鑑研究發展策進委員會組織辦法」草案及相關附件，經行政程序，於 92 年 1 月 13 日校務會議通過，而正式成立「醒吾技術學院教學評鑑研究發展策進委員會」（以下簡稱：「教評研策會」或「本會」）。

2.「教評研策會」的設置目的

　　教評研策會設置的目的，乃在透過本會組織的運作，有效推展教學評鑑的研究與發展工作，藉以提昇教學品質，健全師資評審制度。本會係特為前述目的而成立之任務編組的團隊組織。此一團隊組織有效地結合學校行政體系，將人員按職務專長作有效的配置，透過本會委員會議、學校各項會議、

工作小組會議等管道，充分溝通協調，達成本會計畫之工作目標。

3.「教評研策會」的特性

「教評研策會」係針對教學評鑑廣泛複雜的議題之研發，共謀妥善因應解決之道的議事論壇，因而在組織特性上，須採跨功能單位的任務編組方式，以有效結合校內外人力資源，活化組織功能。

在學校整個教學評鑑組織體系裡，不同單位皆須在校長的領導下，整合凝聚。教務處類似心臟的功能，運作能量到必要動員之處；各系科猶如四肢，直接啟動身體工作；電算中心彷彿是消化系統，將所得的資料加以處理；研發工作小組如同劇本的編導，負責把整齣戲碼依序導演完畢；而最後的評鑑者好像是文物鑑賞家，被隆重請來鑑定文物的品級與質地。整個教學評鑑組織體系，包羅著學校重要的單位與人員，把他們納入一個名義上叫做「教評研策會」的組織裡，經過進一步正常的組織化運作，好讓每個演員都能活絡地演出。

4.「教評研策會」的功能

(1)**團隊合作**：學校教學評鑑制度的建立與充實，是一項長期的工程，而且包羅著龐雜的作業，這些作業又牽涉到人文社會科學、組織與管理學、行為科學、統計與資料處理等專業。為妥善建構此椿工程藍圖，並營造有效施工環境，備妥健全施工器具材料，正式系統地展開施工步驟，一直到工程完滿結束，這一系列的作業，全都有賴於團隊的協同合作；本會組織的編配，用意即在於此。

(2)**形成共識**：主任委員袁校長的高度重視，帶動全校老師、學生、職員對教學評鑑起了正確認識、深入了解與參與成長學習的作用。透過學校各級大小會議，校長、副校長、執行長、各系（所）主任等各當然委員，均積極宣導實施學生教學知覺教師自我評鑑的理念，加強教學評量／評鑑的重要性與緊迫性。

(3)**諮詢借鑑**：本會研發小組為妥善規劃本校教學評鑑體制，設計有效教學評鑑指標資料蒐集工具，不斷蒐集並研究其他學府的做法，並請教若干專家學者，另外，並上網際網路，利用搜索引擎檢索相關資料。本會大會的舉行，一方面透過委員們的意見交流，彙成共識；一方面就教於本會特聘之顧問委員，從諮詢顧問的卓見中，獲得寶貴的建議及啟示。

(4)**促進創新**：本會所有的成員皆受高度激勵，得以充分發揮專業上的創意；實際上，教學評鑑的領域仍有甚多尚待研發的空間，即使海內外的學者專家過去做過的研究或是設計成的評鑑工具等，亦皆有重新修訂，甚至另起爐灶的必要；更有必要研發適合本校文化特色的評鑑體制。

(5)**提昇品質**：本會不僅擔負本校教學評鑑體制及實務的研發工作，尚且負有策動全校師生體認教學評鑑的可觀效益及其所賦予自身的正面價值，進而擅於利用各項調查資料施行自我評鑑，戮力提昇教導的效能與改善學習的素養。

5. 「**教評研策會**」**的成員組成**

「教評研策會」的成員包括二類，即委員和工作小組人員：

(1)委員方面，包括：主任委員（由校長兼任）、副主任委員（由副校長兼任）、執行長（由教務長兼任）、當然委員（由相關行政及教學單位主管兼任）、教師代表委員（由各系教師代表兼任）、校友代表委員 1 至 2 人、校外特約顧問委員 1 至 2 人。

(2)工作小組人員方面，主要包括 3 位秘書（分由教品組、課務組、電算中心系統發展組三組組長兼任，並由教品組組長兼任小組召集人）。

有關本校「教評研策會」的組織內容，均明訂於「教學評鑑研究發展策進委員會組織辦法」（如附件1）內，並經校務會議通過，為學校重要委員會之一。

二、跨功能組織的運作

1. 教評研策委員會議的任務

　　教評研策委員會議為由主任委員召集教評研策委員所召開之會議，係就全校性「教學評鑑」相關政策、規劃與實施方案進行審議、諮詢、溝通、研討等功能性的會議組織。其在「教評研策會」行政系統上的位階如下圖所示。

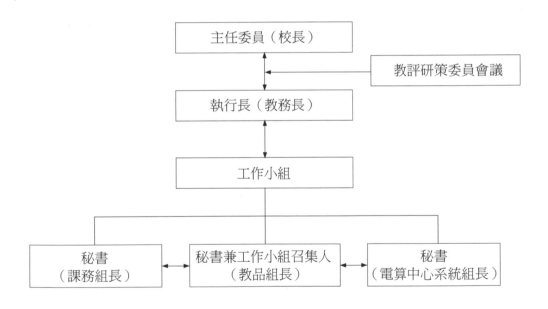

教評研策委員會議的角色定位

2.工作小組的任務

工作小組的主要任務有如下四項：

(1)教學評量工具的編製、提供、應用推廣。

(2)學生教學知覺評量的實施，學生教學知覺回饋資訊的蒐集、資料處理、統計分析、概況表件設計、統計量數訊息提供、理念與應用推廣。

(3)教學品質策進意見的彙整、提案，籌開教評研策會議。

(4)協同系（所）、教學資源中心辦理師生教學素養提昇工作及推展活動。

3.教評研策委員會的運作

基本上，教評研策委員會的運作是將相關單位人員靈活結合成任務小組，機動配合協作，並搭建在正式編制行政體系下運行。有關諮詢審議、督導辦理、業務經辦、回饋修正的運作處理均依循「總結性教學評鑑實施流程」（如附件 2）辦理。

參、專案的核心計畫之一：總結性教學知覺評量／評鑑

工作小組研發的首項專案核心計畫，即是本校「總結性教學知覺評量／評鑑計畫」（A Plan of Summative Instruction Perception Assessment/Evaluation through Students' Rating），本項計畫案陸續於 91 學年度第一學期規劃，並按行政程序提相關會議通過，經校長核定後實施。

一、總結性教學知覺評量／評鑑計畫的理念

總結性教學知覺評量／評鑑機制的研發係基於以下的理念：

1.教師在教學上的同理心、敏感度、觀察力是正常有效教學的重要成分

教師可能也會如常人一般有著盲點，往往非常賣力認真地教學，卻未察

覺學生對教學的知覺，甚至出現老師愈認真，學生反而愈反感的現象。有時，學生對老師負面的教學知覺，不必然視為對老師學識及人格的否定，也許只是一種未被了解、注意，受忽視，而使其內心的「小孩」採取種種抵制的行為。

基於教學原理，教師在教學上，需要敏銳地注意學生的個別差異，察覺學生真實的教學知覺，靈活調整教學。教師應不斷覺察和妥當回應學生對老師教學的知覺。

2. 善用學生教學知覺回饋訊息，可以提昇教學品質，活化教學

教師需要有敏銳的觀察力之外，一個人數相當多的班級，在有限的上課時間裡，很難立即知道學生對教學的知覺概況。因此，教師在日常教學上，需適時採用教學知覺調查工具，以掌握學生當時的教學知覺，並迅速妥善回應；取得並善用學生教學知覺回饋訊息，對教師在教學上促進師生溝通，活化教學具有積極性的價值。

3. 落實教師的教學自我評鑑，乃是教學品質進步的基礎

教師教學固然須掌握有效教學的基本要素，且須不斷研究及改善自己的教學，惟到底要如何掌握、研究及改善，卻更是一大課題。上課時逐一觀察、詢問每位學生的教學知覺，勢必耗時冗長，且未必能得到真相。

因此，運用教學評量原理，設計教學知覺調查工具，實施無記名調查，即時掌握班上學生對教學知覺的重要統計量數，知道班上學生有多大比例的教學知覺是比較負面的訊息，然後接納（不必等於贊同）並了解學生的想法，進一步與學生交流，讓學生清楚什麼是對他們真正有益的，激勵他們的信心與意志，令他們感受老師對他們的真誠。

要做到這個理想的地步，須透過教師對教學知覺評量／評鑑有番正面的認知與肯定，並願意付諸行動認真地自我評鑑教學；而且在校園中，教師們相互交流學習，形成一種濃郁的教師教學成長學習的文化氣息，這些蛻變乃是教學知覺評量／評鑑機制的目的。

4.總結性教學知覺評量／評鑑機制的實施，為啟動日常教學知覺評量／評鑑，提昇教學品質的一種策略

總結性教學知覺評量／評鑑係指，期末階段對學生的教學知覺資料的蒐集、處理，形成可解讀的資訊，提供教師及經授權之教學相關單位人員參考的一系列過程。

就系（所）務管理的立場而言，這部分資訊是系（所）開課教師檔案內的一項重要參考文件。

就學校教務管理的角度而言，提供這項資訊係為便利任課教師驗收這一學期學生的教學知覺，做出檢視自己的教學方式是否達到大多數學生期待的水準，並思量應如何調整教材教法，投入教學知能的成長；因而，乃為一種提昇學校整體教學品質的務實措施。

就教師個人的角度而言，將教學做好是自己的本務。學生日常教學知覺的良窳，當會顯著影響教學的有效水準；重視並適度回應學生的教學知覺，學生當會有著較好的教學成果（instructional performance）和學習的效能感（learning efficacy），教師當也會有著較高的教學承諾（instructional commitment）和教學效能感（teaching efficacy）。

5.研發總結性教學知覺評量／評鑑機制，須從概念的分析與釐清開始

教學知覺調查（instructional perception survey）並不等同於教學評量（instructional assessment），更非等同於教學評鑑（instructional evaluation）。無論中外，許多高等學府在校內發展教學評鑑機制，一開始就陷入語意範疇謬誤的迷思裡，結果以訛傳訛，莫衷一是。

實際上，學生在依據有效教學要素所編製及標準化的教學知覺評量表上的每一子題，如實針對其任課教師的教學所知覺的事實，在適當程度的量尺點數上勾選。

就心理測量（psychological measurement）而言，這只能說是學生以受調者（a subject for survey）的身分，在調查工具上用「評等」（rating）的

方式，將其知覺到有關調查題目的事實「報導」給調查者（report to the surveyor），以盡其知覺告知的角色（reporter）。

在此過程上學生並未越俎代庖，做了「球員兼裁判」的事，基本上教學評量是教師的角色職責；同時，學生並未取得法定的資格，得以參閱當事人的相關文件，依據自己獨立的專業判斷，參照妥當的標準或範式，做出公平正義的評審和裁決，並提出建議等，可說完全與教學評鑑者（evaluator）的身分和角色無關，所謂「學生評鑑老師」，其實只是一種誤解（misunderstanding）或錯覺（illusion）。

二、總結性教學知覺評量／評鑑計畫的實施作業

本項計畫的實施，自 91 學年度第一學期起直到 96 學年度第一學期為止，按作業的性質，大致可分為草擬、宣導、試驗、線上實施、增修等五個時間上相互重疊的主要作業；茲略述如下：

1. 草擬作業

計畫草擬的時間，約自 91 年 9 月起，至同年 11 月大致告一段落。完成了「教學評鑑研究發展策進委員會組織辦法（草案）」（如附件 3）、「教學評鑑規劃工作的組織」（如附件 4）、「教學評鑑系統架構（草案）」（如附件 5）、「學生課程學習知覺反應表（研發單位研擬本）」（如附件 6）、「學生課程學習知覺反應表（學生用研擬本）」（如附件 7）等文件草本。

2. 宣導作業

本計畫的宣導活動，大致持續了兩年，約自 91 年 9 月起至 93 年 6 月。主要目標是讓老師了解本計畫的性質、目的、功能、必要性等。宣導的方式與內容，包括：

　　(1)校長、教務長親自在系務會議、教師會議、導師會議、學生幹部會議等集會上，特別宣達本計畫的內涵及其對學校發展的意義。

(2)其次，透過系主任向系內師生直接宣達，讓師生了解在本計畫的實施上，師生的角色和行為分際（如附件 8「對教學評鑑該有的四點基本理念」），及其所帶來的影響。

(3)教品組藉由網路電子郵件，函告教師有關本計畫的理念（如附件 9「對教學評鑑的一些謬誤和正識」）、配合事項，以及開放老師們參與管道，表達意見的機會（如附件 10～11）。

3. 試驗作業

本計畫進入緊鑼密鼓的試驗階段，時間是從 91 年 11 月起至 93 年 6 月。幾乎本計畫所有的重點工作／作業都有一邊設計，一邊測試，隨之一邊修繕，又復測試，直到大家覺得沒有問題為止。尤其是在(1)學生課程學習知覺評量工具的設計；(2)學生課程學習知覺評量的實施方式；(3)學生課程學習知覺反應資料的處理、統計分析報表設計等三方面，是在研發工作小組不斷廢寢忘食，費盡心神，辛苦努力下完成的。

4. 線上實施作業

學生直接於線上反應其教學知覺資料（data），以及教師直接於線上檢視學生教學知覺資訊（information），這兩部分的線上作業系統，是在 91 年 10 月由研發工作小組與天方電腦公司合作設計，於 92 年底完成。

另外，研發工作小組和授權單位人員直接於線上查詢、檢視各項教學知覺回饋資訊報表之校內網路作業系統，亦同時完成。

5. 增修作業

前項線上作業系統在啟用後，陸續發現有些瑕疵、不足等問題。仍需隨情境變動及教師需要，予以增修。

另外，提供教師期初及期中教學知覺調查工具、實施教學知覺調查諮詢、調查資料處理與運用諮詢等作業，也在陸續進行中。

肆、總結性教學知覺評量工具的編製

一、總結性教學知覺評量工具編製的背景

學生在修習一門課的過程中，他對教師授課的教學知覺，所感知的想法和感受（the perceived events and feelings），會影響他在上這門課的參與及投入的程度（the level of the students' participation and involvement）；隨之，也就影響到學生對這門課修習的成果（learning outcomes）；同時，教師所期待的教學成果（instructional outcomes）也難以兌現。因此，有效教學的教師，要能在整個教學期間，對學生的教學知覺都能密切掌握，並即時予以妥善回應。

在高等校院中，教師績效評鑑主要依據教師在教學、研究、服務三大角色上的表現成果。在教師教學績效評鑑上，須依據若干的指標、標準、佐證資訊（料）等，其中一項即是學生的教學知覺回饋資訊（料）。

二、總結性教學知覺評量工具編製的內涵

為建立體質完備，功能優異的教師績效評鑑機制，本校強調教師績效多元評鑑機制的規劃、發展與建制，學生課程教學知覺評量／評鑑機制的研發乃為其中重要的一環。為蒐集學生對教師授課教學的知覺資料，設計有效的調查工具，是首先要重視的課題。茲將本校「學生課程教學知覺反應表」的設計，分述如下。

1. 調查表的名稱

研發工作小組在教學知覺調查工具的名稱上，定名為「學生課程學習知覺反應表」（如附件 6～7）。何以名稱中用「學生課程學習知覺」，而不用「學生課程教學知覺」的原因？理由是避免「學生產生對教師教學好壞做

評定」的誤解與錯覺。

使用「學生課程學習知覺」可讓學生定位於學生學習的角色,將教師上課教導所呈現的一切相應於自己的學習知覺上。因而,實質上也就是教學知覺。

2. 調查表的編製程序

「學生課程學習知覺反應表」（以下簡稱「學知表」）係經過多重的費心編製程序,方才出爐的。其主要程序如下:

(1)首先,掌握有效教學的要素。

(2)其次,蒐集教學知覺量表,分析量表問題,並依據有效教學八大要素:教學目標、起始活動、教學內容、授課方式、媒體利用、師生互動、學習效果評量、學生學習心態等,編寫或改寫所屬每一量表問題,編輯成初稿,共蒐集問題 36 則。

(3)將初稿依序條列,分別訪問不同課程任課教師 10 名,和高中低年級 3 班學生約 120 名,請他們就這 36 題對於有效教學的重要性,依 Likert 五點量尺,進行評定。將所得資料進行處理分析,按每題的加權平均數（weighted mean）大小,選出 31 題,做為研擬的版本（簡稱「研擬本」）。

(4)最後,在五專、高中低年級隨機選出 8 班,進行「研擬本」的測試。經過主成分分析（Principal Component Analysis）,確定教師構面的五個因素。

3. 調查的內容

前項提及在五專、高中低年級隨機選出 8 班,進行「研擬本」的測試。經過主成分分析,確定教師構面的五個因素;連同學生構面共六個因素。茲條列如下:

(1)教師構面:教學內容、教學方法、教學態度、教學評量、師生關係。

(2)學生構面：上課出席率、課後自修時數、修課最期望獲得目標、對本課學前興趣、對上課一般觀感、上課精神投入。

4. **填答說明、題幹、量尺、選項文字、文字回饋題**

(1)填答說明（direction）：以文字符號指導學生作答或填寫。

(2)題幹（item stem）：每題皆以正向的陳述語氣，表述知覺。

(3)量尺（scale）：教師構面上共 25 題，採 Likert 五點量尺。

(4)選項文字（anchor word and alternatives）：在教師構面 25 題的五點量尺上，由右而左，依次為「很符合」、「符合」、「一半一半」、「不符合」、「很不符合」；另增「無法作答」一欄，若不知道或不清楚時，可以勾選。在學生構面 6 子題的選項上，由左而右，依程度高低將五個等級之文字項目順次排下。

(5)文字回饋題（open-ended item）：最後一題（第 32 題），係開放題型，留有空白，可讓學生填寫想說的話。

5. **濃縮版的研發與試用**

工作小組在研發「研擬本」時，既已考慮到日後須進一步縮短研擬版的長度，將調查量表題數減少到 10～15 題之間的濃縮版本。

為使「試擬本」具標準化的水準，92 學年度第一學期抽取八個系科 9 班學生進行「試擬本」兩次重測，經信度考驗分析，顯示全部 31 題（即「教師因素」的 25 題及「學生因素」的 6 題）各題的重測相關係數均達 0.01 顯著水準（單尾檢定），可證實其穩定性信度甚高。其次，在教師因素上的「教學內容」（4 題）、「教學方法」（6 題）、「教學態度」（6 題）、「教學評量」（4 題）、「師生關係」（5 題）分別的五組向度均有高度顯著的內部一致性信度（0.01 顯著水準，單尾檢定）。於此，「試擬本」的標準化大致完成。

上項信度考驗作業於工具的標準化目的之外，尚提供做為有效並合理地縮短本工具的長度之比較標準。依此，在二大構面各因素之間的相關係數矩

陣（如附件12），比較各子題之間係數的高低，及其在理論內容的涵蓋性，最後，經過此種比較分析的程序，將本工具濃縮成13題（最後1題為開放題）的「濃縮版」，並定名為：「學生課程學習知覺反應表（期末濃縮版）」（如附件13）。

伍、學生課程教學知覺反應調查

　　學生教學知覺資料能否透過有效妥善地調查加以蒐集，影響甚大。本校在教學知覺調查作業上，按時間分為實施前、中、後三部分作業，茲簡述如下。

一、實施前作業

1.調查範圍：日間部包括各部、學制、學系所有修習課程。夜間暨進修部輪流選擇課程班級施調。
2.調查日期：日間部學生上網回饋教學知覺作業，原則上安排於第15至16週。
3.調查說明：有關學生對上網回饋學知反應之心態，教務處教品組當適時知會導師、班級幹部（班長、學藝股長）宣導同學了解上網回饋學知反應的意義與重要性。研發小組並撰成兩篇題為「學知調查的目的和學生受調的心態」的宣導文件（如附件14，其中「教師用」和「學生用」各一篇），俾利宣導人員做為參考的藍本。
4.學生在網路選課之前，須上線完成學知反應調查。

二、實施中作業

1.開放若干電腦教室，方便學生上線受調。
2.為建立學生上網回饋課程學習知覺作業之適當進行方式，特訂定「學

生上網回饋課程學習知覺暫行實施要點」（如附件 15）。

3. 期初、期中教師自行實施形成性教學知覺評量與自我評鑑（formative teaching and learning perception assessment and self-evaluation），教務處教品組提供期初、期中學知反應表、學生學習行為檢核表等工具，由教師自行於課堂中實施並自行分析應用。

4. 期末實施總結性教學知覺評量／評鑑，由教務處協同電算中心及各系科安排學生上網施作期末學知反應。

5. 期末上網於線上回饋時間，日間部原則上安排在第 15 至 16 週實施。教務處教品組須會同課務組、電算中心排定班級於電腦教室施作時間，並開放時段給學生自行上網施作。

三、實施後作業

1. 訂定「學知反應資料統計表件之發送與應用作業實施要點」（如附件 16），做為學知反應調查實施後作業之行事依據。

2. 學知反應資料統計分析概況表件之印製及交送，由教品組負責。

3. 電算中心負責學知反應結果統計分析概況表之資料處理、統計分析作業。

4. 假期中開放教務資訊查詢系統之學知回饋查詢，便於教師自行上網檢視學知反應統計分析概況表一、二、三。

5. 開學時由教務處印製學知反應資料統計分析概況表四，呈交教務長轉請系主任及其他教學單位主管親交任課教師。

6. 期初由教務處印製學知反應統計分析概況表四～十，以密件分交各教學單位主管存參。

7. 教師個人向教品組申請調閱及印製學知統計表件，以當事人之個人資料表件為限。

8. 教學及行政單位業務人員須經單位主管同意後，方可向教品組調閱及

印製主管所需之學知統計表件。

9. 學知反應資料統計分析概況表件之應用，悉依 92 學年度教學評鑑研究發展策進委員會議通過，並經校長核定實施之「學生課程學習知覺反應調查之統計分析資料運用守則」（如附件 17）之規定施行之。

陸、教學知覺反應資料統計分析概況表之設計

　　本校自 91 學年度第一學期於教務處內設置「教學評鑑研究發展策進籌備工作小組召集人」乙員，由筆者兼任之後，隨即負責展開成立教學評鑑研究發展策進委員會，研發教學知覺評量／評鑑機制與工具等工作。歷時約半年，至 91 學年度第二學期期中，已完成若干教學知覺反應表、知覺反應概況表、線上操作作業系統等的編製、設計與建置（如附件 18），並於期末開始正式使用。自 91 學年度迄今，陸續有所增編。並編製「學生課程教學知覺反應資料統計概況表件簡介」（如附件 19）乙種，提供相關單位主管人員參考。

　　茲將歷年所編「學生課程學習知覺反應資料統計概況表」十種主要內容，臚陳如下：

1. **學生課程學習知覺反應資料統計概況表一（如附件 20）**
   主要內容：
   ⑴任課班上的原始資料登錄。
   ⑵包括數值資料及文字回饋資料。

2. **學生課程學習知覺反應資料統計概況表二（如附件 21）**
   主要內容：
   ⑴任課班上各子題的均數、眾數、標準差。
   ⑵任課班上各子題在 5 點量尺及各選項上的次數。

3. **學生課程學習知覺反應資料統計概況表三（如附件 22）**

主要內容：

⑴任課班上教導因素五面向的統計量數。

⑵任課班上學生因素的統計量數。

⑶任課班上學生書寫的知覺反應。

4. **學生課程學習知覺反應資料統計概況表四（如附件 23）**

主要內容：

⑴任課教師全部授課課程教學因素的統計量數。

⑵任課教師全部授課課程學生因素的統計量數。

⑶任課教師教學因素總和統計量，在本系科、本學群及全校任課教師
教學因素總和之相對地位。

5. **學生課程學習知覺反應資料統計概況表五（如附件 24）**

主要內容：本系科任課教師全部授課課程，在教學因素暨學生因素之
均數及其總均數值。

6. **學生課程學習知覺反應資料統計概況表六（如附件 25）**

主要內容：本系科任課教師全部授課課程的學生文字反應。

7. **學生課程學習知覺反應資料統計概況表七（如附件 26）**

主要內容：本系科任課教師全部授課課程教學因素，總均數值 3.90 以
上教師名錄。

8. **學生課程學習知覺反應資料統計概況表八（如附件 27）**

主要內容：本系科任課教師全部授課課程教學因素，總均數值 2.98 以
下教師名錄。

9. **學生課程學習知覺反應資料統計概況表九（如附件 28）**

主要內容：全校、各部、學制學生回饋教學因素學知反應統計量數總
覽。

10. **學生課程學習知覺反應資料統計概況表十（如附件 29）**

主要內容：各學群、系科學生回饋教學因素學知反應統計量數總覽。

柒、期初、期中教學知覺評量工具之研發

研發工作小組在研發總結性的教學知覺評量工具期間，也同時進行形成性教學知覺評量工具的研發（參見附件 30）。歷經 5 年期間，陸續編製及修訂「期初、期中教學知覺評量工具」五種，茲臚陳其主要內容如下。

1. 期初學習知覺回饋表（如附件 31）

本件「期初學習知覺回饋表」係提供教師於期初階段（第 3～6 週），在上課時間抽出 10 分鐘給學生填答，藉以充分了解學生在期初階段的課程教學知覺；其重要項目如下：(1)知曉課程主要目標；(2)知曉課程價值與意義；(3)知曉單元目標；(4)具備基礎知能；(5)教材及教法適合度；(6)期待上課的學習動機；(7)約定事項認真執行；(8)教和學準備妥善；(9)教材份量；(10)教材難度；(11)教學有效配合單元目標；(12)有效呈現教材；(13)有效傳達詮釋示範；(14)適時調整改變；(15)舉例論證引導思考；(16)結合生活聯絡經驗；(17)教學媒體使用；(18)鼓勵發問發表；(19)引導學生討論發表；(20)適時提問引導討論；(21)心平氣和言談懇切；(22)發問討論切合教學重點；(23)學習的滿足感；(24)積極信心抱負；(25)學習行為投入。共 25 個要項，分由 25 題構成。

2. 期初教課效能自我衡量表（如附件 32）

本件「期初教課效能自評表」係提供教師於期初階段（第 3～6 週）進行自我評量，並將結果與前項「期初學習知覺回饋表」的學生反應結果對照比較，藉以充分了解學生課程教學知覺與自己的教學知覺之間，是否有高度的一致性，進而適時採取妥善的因應方式。其重要項目完全與前項「期初學習知覺回饋表」相同。

3. 期中學習知覺回饋表（如附件 33）

本件「期中學習知覺回饋表」係提供教師於期中階段（第 7～10 週），在上課時間抽出 10 分鐘給學生填答，藉以充分了解學生在期中階段的課程教學知覺；其重要項目完全與前項「期初學習知覺回饋表」相同。

4. 期中教課效能自評表（如附件 34）

本件「期中教課效能自評表」係提供教師於期中階段（第 7～10 週）進行自我評量，並將結果與前項「期中學習知覺回饋表」的學生反應結果對照比較，藉以充分了解學生課程教學知覺與自己的教學知覺之間，是否有高度的一致性，進而適時採取妥善的因應方式。其重要項目完全與前項「期中學習知覺回饋表」相同。

5. 學生上課行為自我檢核表（如附件 35）

本件「學生上課行為自我檢核表」係提供師生於學期當中進行評量，一學期中可視情況前後各實施一次，將教師所檢核的結果與學生自我檢核的結果對照比較，或是將前後檢核的結果對照比較，並進一步溝通改進之道。其重要項目包括積極行為與消極行為兩部分：

(1) 積極行為：①老師講課時，我會筆記要點；②老師講課時，我會劃記重要符號；③老師講課時，遇到我不清楚的地方，我會向老師發問請教；④下課時，我會善用下課時間，並在上課鐘響前回到教室座位；⑤對上本堂課我會有著相當熱切地期待；⑥上課鐘響後，我立即會坐好（或於適當地點）靜待老師到來；⑦在老師到來前我就將上課需要的東西放置（準備）好；⑧我會提醒值日生或自動清理黑板、講壇、桌椅，準備粉筆；⑨上課時，若有同學干擾學習，我會設法制止。共 9 項。

(2) 消極行為：①遲到；②蹺課；③上廁所；④接聽行動電話（手

機）；⑤照鏡子；⑥梳頭髮；⑦擦口紅；⑧翹著二郎腿或抖動小腿；⑨側著身或歪斜著身體；⑩手扶著腮（面頰），手肘倚撐著桌面；⑪穿著及打扮不適合上課之服裝和儀容；⑫藉故要求外出（如：去上廁所、打電話、抽香菸）；⑬嚼食（如：吃點心、嚼口香糖）；⑭跟鄰座或附近同學談話；⑮看本課以外其他方面的書；⑯心思總是被某個人或事攪和纏住，無法定下心上課；⑰感到空洞，心思雜亂，東想西想，無法安下心上課；⑱對於上課場地以外的任何動靜很敏感，注意力不易維持專一；⑲發出特殊聲響或異味；⑳打盹或睡覺；㉑下課鐘聲一響，不等老師交代下課，就逕自起身離去；㉒開學之初老師指定的教科書，我未買也未借用。共 22 項。

6. 教學知覺評量工具的運用方式、資料處理、分析與運用之建議

本校教務處在宣導任課教師了解教學知覺評量，如何運用教學知覺評量工具方面，也非常重視，除了每一新學年第一學期開始，提供所有任課教師一只大型資料袋，袋內除檢附所有本校研發的教學知覺評量工具（評量表）外，尚內含「教師教學資料袋簡介」（如附件 36）文件乙紙，該文以表格形式簡介內附教學知覺評量工具的運用方式、資料處理、分析、諮詢服務以及運用之建議。另外，並適時透過網頁刊登及電子郵件，讓師生獲知教學知覺評量的理念，以及輔導學生上網回饋教學知覺時所應持有的態度與作答方式（參見附件 37）。

捌、教學知覺評量與評鑑研發工作之檢討

　　本校在 91 學年度之前，日夜間部教務單位既早已實施學生總結性教學知覺評量／評鑑多年。惟或許是由「學生進行教學知覺評量」到「教師得到學生的教學知覺回饋資訊」，而從中進行「自我的教學評鑑」的這一套「教學知覺反應評量／評鑑機制」，在當時（70、80 年代）台灣地區的多數學府中，其理論與實務仍處在嘗試摸索的階段；加之，引進外來的機制，若未經過一番篩選修繕，去蕪存菁的過程，就生硬地移植過來，難免會有水土不服的問題。

　　有鑑於此，本校教評研策會研發工作小組在本項「教學知覺反應評量／評鑑機制」專案的規劃與作業推展上，始終謹守教育立場，忠誠秉持師生倫理與角色分際；並期能將本校尊師重道的優良傳統學風與忠、誠、勤、和的校訓精神，透過此一機制的研發而能和諧無間地融入整個校園之中。期望本校師生能夠落實「師尊道重」，形成「尊師重道」學風優異的高等學府。

　　迄至今日，在研發本項機制專案的 6 年期間，由於資源有限，人力不足，筆者經常犧牲假期，常深夜加班迄至天明，日復一日，努力以赴，一心企盼能將本案盡力做好。事實上，要能盡如理想，只能說是我們在研發上所持的心態，但是缺失、疏漏、未及之處仍在所難免，我們竭誠盼望在與大家分享經驗之餘，也能榮幸得到大家寶貴的指教！

　　以下，謹將本校在本項機制研發專案上，就組織、學生、任課教師、總結性教學知覺評量／評鑑機制、教學知覺評量的定位、教學知覺資訊的運用、校園文化等方面，提出一些觀察所得的現象，以及一些評論與意見，敬請指教！

1. 組織

在組織上，有以下五點現象：

(1)校長高度帶動教學知覺評量／評鑑的觀念與精神意涵，系主任有效宣導、激勵、溝通，情況良好。

(2)核心工作小組的功能、運作、協調與配合十分良好，各項作業均講求合乎標準與效果。

(3)學校教學行政體系充分發揮協調溝通與後勤支援。

(4)教學評鑑研究發展策進委員會議研討及審議提案甚為嚴謹認真。

(5)歷任本校敦聘的校外顧問委員，皆發揮高度提供諮詢、建議、支持等功能。

2. 學生

在學生方面，提出一點現象、二點意見，共三點如下：

(1)絕大多數學生均能配合，並於線上認真平實回饋教學知覺。

(2)師生互動、學生成熟度、預期心理、人格特質、同儕壓力等隱性的心理因素之影響，均可能影響學生客觀評定，真相有待研究。

(3)學生家庭的社經地位、教育水準、職業類別，親子間的互動關係等的社會因素，均可能影響學生客觀評定，真相有待研究。

3. 任課教師

在任課教師方面，提出二點現象、二點意見，共四點如下：

(1)基本上，任課教師皆能認可總結性教學知覺評鑑機制，並適當因應回饋結果。

(2)更加重視教學品質提昇，並積極參與教學成長活動。

(3)偶有傳聞有教師刻意或非有意地運作，以影響學生做出有利自己的知覺評定。事實如何？有否查證必要？有待商榷。惟何以會發生此

種傳聞？恐非單一因素可以說明，也確有探究的必要。

(4)有部分教師對教學知覺反應資料統計分析所得總均數值，納入教師教學績效評鑑之加減分項目感到疑慮。知覺反應統計量數如何採用，有再行商榷的必要。

4.總結性教學知覺評量／評鑑機制

在總結性教學知覺評量／評鑑機制上，有以下三點現象：

(1)研發目標有了明顯的迴響：透過教師自我評鑑總結性教學知覺，進而重視形成性教學知覺，因而帶動教師在教學品質上全面的提昇。教師確實在教學歷程上，顯然要比從前更在乎學生的教學知覺，也確實激發出教師對教學成長學習的參與與投入的踴躍現象。

(2)評量性質有了極佳的教育作用：學生對任課教師教學知覺資料的蒐集，是透過學生上線作答學習知覺反應表，這份調查工具的設計理念，基本上是基於教育的立場。因此，這份調查不是由學生針對教師教學優劣程度做價值判斷；也不是由學生對教師教學滿意程度做態度判斷；亦不是由學生對教師教學贊同與否做意見判斷，它只是由學生對教師教學知覺到的經驗做知覺事實的判斷。學知調查是一種看待事實反映感知的學習，也是人際關係角色分際的學習。在整個歷程中，從未有過師生對此提出質疑或抱持反對意見。

(3)影響「學生對任課教師的教學知覺反應之測量」的有效性，除評量表的信度及效度要夠水準之外，學生的受調心態（認知、認真）、心理發展成熟度、性格、師生情愫、團體凝聚力、同儕壓力等許多微妙隱約不明顯的因素，都有可能造成相當程度的誤差。雖然多少有著誤差存在，不過就總體來看，尚不足以影響學知測量的有效程度。

5.教學知覺評量的定位

在教學知覺評量的定位上，有以下三點意見：

(1)教學知覺評量為教學評量中不可或缺的一環，它可帶動其他教學評量類別的進步發展。學界應給予相當的重視。有關教學評量的範疇與其評量工具，表述如下：

教學評量的範疇與其評量工具舉隅

類別	教學知覺評量	表現（實作）評量	成果評量	診斷評量	學力評量
評量工具實例	＊期初期中學知評量表 ＊學生上課行為檢核單 ＊總結性學知反應表	＊口頭發表評量表 ＊作業評量單 ＊書面報告評量表 ＊實作評核單 ＊作文評量表	＊小考 ＊期中考試 ＊期末考試	＊學科能力診斷測驗 ＊單元知能診斷測驗	＊學科學力測驗 ＊綜合學力測驗

(2)教學知覺評量為教師所必須的教學工作，以輔助教師觀察力之所不足，學界應給予相當的重視。

(3)教學知覺評量為教師所必須的教學工作，以輔助教師同理心之所不及，學界應給予相當的重視。

6.「學生教學知覺」資訊的運用

在學生教學知覺資訊的運用上，有以下意見：

「教學知覺」的影響因素極為複雜。影響「學生的教學知覺」的因素，除了來自教師、課程、情境等方面的種種因素之外，毋庸置疑，學生本身的某些因素，諸如某些性格特質、非理性信念、自我概念、認知失誤、舊經驗等也主導著「學生的教學知覺」的取向與判斷。因而，在學生教學知覺資訊

的運用上，務必要了解其可能的限制，不宜作過度的推論。

7.校園文化

在校園文化上，有以下意見：

畢竟在校園中，長期以來缺乏教學知覺評量／評鑑的理念，許多學校閉門造車的結果，以致學生評鑑老師、老師要有雅量接受學生評鑑等等的迷思（myth），在校園氾濫。時間久了，以致有著迷思反被視為常理的現象。校園文化有著愈加庸俗、無所謂的趨勢，學生對老師的尊重愈趨於冷淡表面，而教師罹患無力感、憂鬱症的比率不斷攀高，師生家長間的衝突爭議事件總是不絕於耳。如此的情勢繼續下去，學校教育的功能，勢將蕩然。

因此，學校任何制度的建制，皆須將倫理道德的基準擺在首要的前提地位。本校教學知覺評量／評鑑機制的研發、推展，需要學校從上到下的宣導之外，還需要師生們、同仁們橫向的溝通、理解、關懷……等，不懈地貫徹下去。

總而言之，評量／評鑑是一系列複雜的系統作業，在一連串蒐集資料、統計分析處理、列印有效資訊表件、提供相關人員做為決策的參考，或做為資格具足與否的佐證要件；不過，評量／評鑑更積極的精髓，卻是如何有效從中解讀、詮釋其實際與可能的意涵、如何妥當因應與行動，這些後續工作尚須更進一層的研究和落實，往昔在這方面的疏忽，確實是使評鑑未能充分發揮功效的一大原因。

附件 1

教學評鑑研究發展策進委員會組織辦法

91 學年度第 1 學期校務會議（92 年 1 月 13 日）通過
93 學年度第 1 學期校務會議（93 年 11 月 22 日）修訂通過
94 學年度第 1 學期校務會議（94 年 11 月 28 日）修訂通過
95 學年度第 1 學期教學評鑑研究發展策進委員會議（96 年 1 月 4 日）修訂通過
95 學年度第 1 學期第 2 次教務會議（96 年 1 月 16 日）修訂通過
95 學年度第 1 學期教學評鑑研究發展策進委員會議（96 年 6 月 14 日）修訂通過

第一條　醒吾技術學院（以下簡稱本校）為有效推展教學研發工作，提昇教學品質，健全師資評審制度，特依據大學法第 14 條及第 21 條[1]暨本校組織規程第 47 條[2]之規定，成立「醒吾技術學院教學評鑑研究發展策進委員會」（以下簡稱本委員會）。

第二條　本委員會由校長、副校長、教務長、學務長、總務長、研發長、進修（夜間）部主任、系科主任及所長、通識中心主任、電算中心主任、體育室主任、軍訓室主任、人事室主任為當然委員；其餘委員含教師代表每系（含通識中心）1 人，校外特約顧問委員 1 人，校友代表 1 至 2 人。

第三條　本委員會置主任委員 1 人，由校長兼任之，綜理會務。

第四條　本委員會置副主任委員 1 人，由副校長兼任之，襄助主任委員處理會務。任期以配合校長任期為原則。

第五條　本委員會置執行長 1 人，由教務長兼任之，辦理會務、推展及執行有關規劃及議決之配合事項。

第六條　本委員會設研發小組，置召集人 1 人暨秘書 3 至 7 人，由執行長簽請主任委員聘任之，配合執行長負責教學評鑑研究、設計、執行、評估之規劃與發展作業。

第七條　本委員會全體委員開會時，由主任委員擔任主席，主任委員因事不

能出席時，由副主任委員擔任之。

第八條　本委員會開會時，得邀請有關人員列席。

第九條　本委員會委員及工作人員均為無給職，校外委員得支領車馬費。

第十條　本辦法經行政程序提校務會議通過，陳請校長核定後實施，修正時亦同。

附註1：

第14條　大學為達成第一條所定之目的，得設各種行政單位或召開各種會議；行政單位之名稱、會議之任務、職掌、分工、行政主管之資格及其他應遵行事項，於大學組織規程定之。

第21條　大學應建立教師評鑑制度，對於教師之教學、研究、輔導及服務成效進行評鑑，做為教師升等、續聘、長期聘任、停聘、不續聘及獎勵之重要參考。

前項評鑑方法、程序及具體措施等規定，經校務會議審議通過後實施。

附註2：本校組織規程第47條：本校必要時得設置各種委員會，其設置辦法或要點另由學校擬定。

附件 2

總結性教學評鑑實施流程

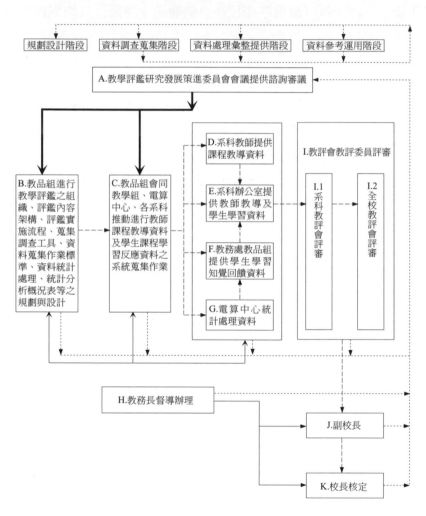

附註：
1.諮詢審議線：
2.督導辦理線：
3.經辦業務線：
4.回饋修正線：

教學評鑑研究發展策進委員會組織辦法（草案）

（本辦法已於 92 年 1 月 13 日校務會議通過）

第一條　醒吾技術學院（以下簡稱本校）為有效推展教學研發工作，提昇教學品質，健全師資評審制度，特依據大學法第 16 條[1] 暨本校組織規程第 45 條[2] 之規定，成立「醒吾技術學院教學評鑑研究發展策進委員會」（以下簡稱本委員會）。

第二條　本委員會置委員十餘人，校長、署理校長、教務長、夜間部主任、系科主任、通識中心主任、電算中心主任、體育室主任、軍訓室主任為當然委員，其餘委員含教師代表 5 至 7 人，校外代表 1 人。

第三條　本委員會置主任委員 1 人，由校長兼任之，綜理會務。

第四條　本委員會置副主任委員 1 人，由署理校長兼任之，襄助主任委員處理會務。任期以配合校長任期為原則。

第五條　本委員會置執行長 1 人，由教務長兼任之，辦理會務、推展及執行有關規劃及議決之配合事項。

第六條　本委員會設研發小組，置召集人 1 人暨秘書若干人，由執行長簽請主任委員聘任之，配合執行長負責教學評鑑研究、設計、執行、評估之規劃與發展作業。

第七條　本委員會全體委員開會時，由主任委員擔任主席，主任委員因事不能出席時，由副主任委員擔任之。

第八條　本委員會開會時，得邀請有關人員列席。

第九條　本委員會委員及工作人員均為無給職，校外委員得支領車馬費。

第十條　本辦法經行政程序提校務會議通過，陳請校長核定後實施，修正時亦同。

附註 1： 大學法第 16 條：大學設教務、學生事務、總務、院務、所務等會議，並得設與教學研究及社會服務有關之其他會議，其功能及組成方式由各大學組織規程規定之。

附註 2： 本校組織規程第 45 條：本校必要時得設置各種委員會，其設置辦法或要點另由學校擬定。

教學評鑑規劃工作的組織

任何公共的或組織的事務，均需仰仗不同的單位與人員，提供必要的人力與物力，共同發揮團隊精神，相互配合協作，終而達成計畫之任務。教學評鑑系統的建立是一項複雜且龐大的計畫，動用的人力與物力自然可觀。因此，需要有一組織體系，將其各種作業有效地組合起來，俾便靈活地推展各項作業。

一、組織體系的建立

建構此一組織體系的具體成形，還須具備運作活力，確實需要將其注入若干強大的要素。此一組織體系必然是一跨單位且須整合而為任務編組的性質，不同單位須在校長的領導下，整合凝聚。教務處類似心臟的功能，運作能量到必要動員之處；各系科猶如四肢，直接啟動身體工作；電算中心彷彿是消化系統，將所得的資料加以處理；研發小組如同劇本的編導，負責把整齣戲碼依序導演完畢；而最後的評鑑者好像是文物鑑賞家，被隆重請來鑑定文物的品級與質地。這樣的一個組織體系，包羅著學校重要的單位與人員，把他們納入一個名義上叫做「教學評鑑研究發展策進委員會」的組織裡，經過進一步的組織化作業，使其活絡起來。

二、組織架構的訂定：「組織辦法」

要使此一組織體系產生活力與功能，必須要各就其位，賦予職掌任務，並授與法源上的認可。因此，需要制定一項名義為「教學評鑑研究發展策進委員會組織辦法」的規章，俾便通過法定程序，成為學校的正式組織之後，即可以其名義，開始啟動作業工程了。茲就目前思慮所及，暫擬此一辦法草案（如附件 1）。

三、組織人員的分工與合作

「教學評鑑研究發展策進委員會組織辦法」之中，只是原則性地規定了組織人員的職責，實際上每個單位都有或重或輕，或繁或簡，或多或少的工作，有些單位必然要動員較多的時間與人力。這些皆無法在此一組織規程中規定出來，即使是訂定辦事細則等規定，如果缺少了服務奉獻的精神，也是無多大功效。因此，要獲得組織人員的共識，了解此一組織目標及其作業的意義，以及每個人員其能否投入及奉獻，具有重大的意義，實屬必要。

四、組織工作的目標與服務的理念

在此一組織體系之下的工作同仁，不能固著於原單位的本位意識，而輕忽此一跨單位組織所交下的任務，因此任務的轉陳與交付，應該透過單位的主管來進行。組織工作的總目標在於：建立一新穎進步的教師教學評鑑作業系統，提昇教師教學評鑑制度之品質，以及增進教師教學智能的發展。雖然每一位組織人員所負的工作，性質不一，但並不影響對上述總目標達成的貢獻與價值。真誠做人處事，熱心工作奉獻，秉持這樣的服務理念，必然可以圓滿達成交付的工作任務。

教學評鑑系統架構（草案）

評鑑類型	形成性評鑑（Formative Evaluation）			總結性評鑑（Summative Evaluation）		
資料依據	效標	參考資料	蒐集者	效標	參考資料	蒐集者
教學績效	1. 期初工作	1.1 講授大綱、教學計畫 1.2 與學生約定事項 1.3 了解及激勵學生投入學習（工作日誌）	1.1 系科 1.2 任課教師 1.3 任課教師	1. 教學內容	1.1 講授大綱、教學計畫 1.2 教科書、參考教材 1.3 補充講義、資料	1.1 系科 1.2 任課教師 1.3 任課教師 1.4 教務單位
	2. 期中工作	2.1 課外作業 2.2 課內活動設計 2.3 教課進度 2.4 備課補充資料 2.5 語言表達、溝通互動 2.6 教學方式彈性多元 2.7 關切學生學習行動	2.1 任課教師 2.2 任課教師 2.3 系科 2.4 任課教師 2.5 任課教師 2.6 任課教師 2.7 任課教師	2. 教學方法	2.1 講述表達 2.2 授課方式 2.3 資源採用 2.4 機動調整 2.5 條理系統	2.1～5 任課教師 2.6 教務單位
	3. 期末工作	3.1 考前引導 3.2 期中期末試題 3.3 成績評分 3.4 其他	3.1 任課教師 3.2 任課教師 3.3 任課教師 3.4 任課教師	3. 教學態度	3.1 敬業精神 3.2 關心及鼓勵學生 3.3 耐心及了解學生	3.1～3 任課教師 3.4 教務單位
				4. 教學評量	4.1 多種方式評量 4.2 評量廣度及深度 4.3 評量客觀公平信度 4.4 評量效度	4.1～4 任課教師 4.5 教務單位
				5. 師生關係	5.1 課內溝通互動 5.2 課後溝通互動 5.3 學生敬重愛戴	5.1～3 任課教師 5.4 教務單位
資料使用	蒐集工具	1.期初學生學習知覺反應表 2.教學行為反應自我檢核表 3.教學日誌（教師自用） 4.教學日誌（教務處、系科用） 5.其他			1.課程學習知覺反應表 2.系科提供資料 3.任課教師提供資料 4.其他	
		使用者	使用時機		使用者	使用時機
		1.任課教師 2.系科教評會委員 3.系科主任	1.自我評鑑 2.提系科評會升等評審 3.配課協調會 4.教學優異教師評選		1.任課教師 2.各級教評會委員 3.系科主任 4.校教評會委員	1.自我評鑑 2.提教評會升等評審 3.配課協調會 4.教學優異教師評選

附註：形成性評鑑著重在平時過程中的自我評鑑，以期隨時發現問題，即予調整修正；總結性評鑑著重在組織發展導向為目的，對組織內部某一工作於終了階段進行總體性的體檢，以期成為組織自我更新的重要機制。

附件6

學生課程學習知覺反應表
（研發單位研擬本）

課程名稱：＿＿＿＿＿＿＿＿＿＿＿＿＿　授課老師：＿＿＿＿＿＿＿＿＿

填答說明：請依據自己的實際情況，在下面各題後的適當方格「□」內劃上勾號「∨」；如不知道或不清楚，請勾選「無法作答」；在最後一題的空白處，可寫下其餘你還想說的話，如果沒有，可以免填。

	很符合	符合	一半一半	不符合	很不符合	無法作答

甲、教學內容
1. 我在開始上本課程時，就知道老師的教學計畫和教學大綱。………… □ □ □ □ □ □
2. 我感到上課的內容或進行的活動很豐富充實。……………………… □ □ □ □ □ □
3. 老師上課所採用的教材，對我而言是份量適中的。………………… □ □ □ □ □ □
4. 對我而言，老師上課的教材適合我的程度。………………………… □ □ □ □ □ □

乙、教學方法
5. 我覺得老師上課會配合實例或引用輔助講義，使教學蠻生動有效的。 □ □ □ □ □ □
6. 我覺得老師會按學生學習情況，調整教學的內容、進度或方法。…… □ □ □ □ □ □
7. 我感到老師講述時，口音清楚，音量適度，表達自然。…………… □ □ □ □ □ □
8. 我感到老師的授課方式，讓我容易精神貫注，學習投入。………… □ □ □ □ □ □
9. 我感到老師講課，條理分明，深入淺出，容易領會了解。………… □ □ □ □ □ □
10. 單元開始時，老師會引導學生順利進入課題；結束時，會引導學生綜
　　合所學。……………………………………………………………… □ □ □ □ □ □

丙、教學態度
11. 我感到老師上課時，教學周到，盡心盡力教導。…………………… □ □ □ □ □ □
12. 我感到老師多能準時上下課，進行活動，時間控制適當。………… □ □ □ □ □ □
13. 我感到老師會耐心回答學生的問題。………………………………… □ □ □ □ □ □
14. 我感到老師會鼓勵學生發問、討論。………………………………… □ □ □ □ □ □
15. 我感到老師會注意及關心學生的學習狀況，比如是否了解、進步。… □ □ □ □ □ □
16. 我感到要請教老師功課時，是容易聯繫到老師的。………………… □ □ □ □ □ □

丁、教學評量

17. 我感到老師對學生學習成績的評量，要求的標準合理，評分客觀公正。□ □ □ □ □ □

18. 我感到老師採用了多種方式（如報告、考試、課堂參與）評量學生的
學習成績。……………………………………………………………………… □ □ □ □ □ □

19. 我感到老師出的試題內容平均分布在本課的教材內，可考出全面的了
解程度。……………………………………………………………………… □ □ □ □ □ □

20. 我感到老師出的試題難易程度適中，可考出本課深度層面的目標。… □ □ □ □ □ □

戊、師生關係

21. 我感到老師與學生相處融洽，上課氣氛良好。……………………… □ □ □ □ □ □

22. 我感到老師在下課後，也會主動關心學生。………………………… □ □ □ □ □ □

23. 我感到老師會欣賞及分享學生的學習表現和成果。………………… □ □ □ □ □ □

24. 我感到老師深得同學的敬愛。………………………………………… □ □ □ □ □ □

25. 我願意向同學推薦選修老師開的本課程。…………………………… □ □ □ □ □ □

己、學生因素

26. 本學期這門課我的出席率是：□全勤 100%□幾乎全勤 90～99%□偶而缺課□75～89%□時
常缺課 60～74%□經常缺課 59%以下。

27. 除上課時間外，我每週平均花在這門課上的時間有：□6 小時以上□4～6 小時□2～4 小
時□1～2 小時□1 小時以下。

28. 我修本課最大的期望是：□獲得實用知能□通解理論□習得立身處世之道□有助於參加升
學或國家考試□僅是獲得學分。

29. 我對本課程要修習的內容，原本就感到：□非常有興趣□有興趣□沒有興趣□非常沒有興
趣□無法作答。

30. 整體而言，我對這門課老師在上課時的教導情形感到：□非常滿意□滿意□不滿意□非常
不滿意□無法作答。

31. 一般而言，上這門課時我的精神是：□非常專注投入□專注投入□不太專注投入□非常不
專注投入□無法作答。

32. 上這門課，除了上面我的知覺反應外，我還想說的話是：（如無，可免填寫）

_____

_____

_____

附件 7

學生課程學習知覺反應表

（學生用研擬本）

課程名稱：＿＿＿＿＿＿＿＿＿＿＿＿＿＿＿　授課老師：＿＿＿＿＿＿＿＿＿＿＿＿＿

填答說明：請依據自己的實際情況，在下面各題後的適當方格「□」內劃上勾號「∨」；如不知道或不清楚，請勾選「無法作答」；在最後一題的空白處，可寫下其餘你還想說的話，如果沒有，可以免填。

	很符合	符合	一半一半	不相符	很不相符	無法作答
1. 我在開始上本課程時，就知道老師的教學計畫和教學大綱。………	□	□	□	□	□	□
2. 我感到上課的內容或進行的活動很豐富充實。……………………	□	□	□	□	□	□
3. 老師上課所採用的教材，對我而言是份量適中的。………………	□	□	□	□	□	□
4. 對我而言，老師上課的教材適合我的程度。……………………	□	□	□	□	□	□
5. 我覺得老師上課會配合實例或引用輔助講義，使教學變生動有效的。	□	□	□	□	□	□
6. 我覺得老師會按學生學習情況，調整教學的內容、進度或方法。…	□	□	□	□	□	□
7. 我感到老師講述時，口音清楚，音量適度，表達自然。…………	□	□	□	□	□	□
8. 我感到老師的授課方式，讓我容易精神貫注，學習投入。………	□	□	□	□	□	□
9. 我感到老師講課，條理分明，深入淺出，容易領會了解。………	□	□	□	□	□	□
10. 單元開始時，老師會引導學生順利進入課題；結束時，會引導學生綜合所學。………………………………………………………	□	□	□	□	□	□
11. 我感到老師上課時，教學周到，盡心盡力教導。…………………	□	□	□	□	□	□
12. 我感到老師多能準時上下課，進行活動，時間控制適當。………	□	□	□	□	□	□
13. 我感到老師會耐心回答學生的問題。………………………………	□	□	□	□	□	□
14. 我感到老師會鼓勵學生發問、討論。………………………………	□	□	□	□	□	□
15. 我感到老師會注意及關心學生的學習狀況，比如是否了解、進步。	□	□	□	□	□	□
16. 我感到要請教老師功課時，是容易聯繫到老師的。………………	□	□	□	□	□	□
17. 我感到老師對學生學習成績的評量，要求的標準合理，評分客觀公正。………………………………………………………………	□	□	□	□	□	□

18.我感到老師採用了多種方式（如報告、考試、課堂參與）評量學生的學習成績。 …………………………………………………… ☐ ☐ ☐ ☐ ☐ ☐

19.我感到老師出的試題內容平均分布在本課的教材內，可考出全面的了解程度。 ……………………………………………………… ☐ ☐ ☐ ☐ ☐ ☐

20.我感到老師出的試題難易程度適中，可考出本課深度層面的目標。 ☐ ☐ ☐ ☐ ☐ ☐

21.我感到老師與學生相處融洽，上課氣氛良好。 …………………… ☐ ☐ ☐ ☐ ☐ ☐

22.我感到老師在下課後，也會主動關心學生。 ……………………… ☐ ☐ ☐ ☐ ☐ ☐

23.我感到老師會欣賞及分享學生的學習表現和成果。 ……………… ☐ ☐ ☐ ☐ ☐ ☐

24.我感到老師深得同學的敬愛。 ……………………………………… ☐ ☐ ☐ ☐ ☐ ☐

25.我願意向同學推薦選修老師開的本課程。 ………………………… ☐ ☐ ☐ ☐ ☐ ☐

26.本學期這門課我的出席率是：☐全勤 100%☐幾乎全勤 90〜99%☐偶而缺課 75〜89%☐時常缺課 60〜74%☐經常缺課 59%以下。

27.除上課時間外，我每週平均花在這門課上的時間有：☐6 小時以上☐4〜6 小時☐2〜4 小時☐1〜2 小時☐1 小時以下。

28.我修本課最大的期望是：☐獲得實用知能☐通解理論☐習得立身處世之道☐有助於參加升學或國家考試☐僅是獲得學分。

29.我對本課程要修習的內容，原本就感到：☐非常有興趣☐有興趣☐沒有興趣☐非常沒有興趣☐無法作答。

30.整體而言，我對這門課老師在上課時的教導情形感到：☐非常滿意☐滿意☐不滿意☐非常不滿意☐無法作答。

31.一般而言，上這門課時我的精神是：☐非常專注投入☐專注投入☐不太專注投入☐非常不專注投入☐無法作答。

32.上這門課，除了上面我的知覺反應外，我還想說的話是：（如無，可免填寫）

_____

_____

_____

附件 8

對教學評鑑該有的四點基本理念

（摘自 92 學年度第二學期第一次行政會議教務處工作報告——有關教品組請教學單位主管適時轉達師生有關教學評鑑理念）

一、 教學評鑑真正的精神與實質的效果，端賴教師對教學做嚴謹地自我評鑑。教師自身才是真正的評鑑者（Evaluator），學生只是在教學評鑑資料蒐集的過程上，做為向教師回饋其有關學習知覺的報告者（Reporter）。

二、 不要有「學生在評鑑老師」的錯覺，學生不宜亦無資格評鑑老師。學生在回饋學習知覺時，只是依據指標項目作相符程度的測量（rating or measuring），而非評鑑（Evaluating）。

三、 教師在教職工作角色上，為達成教學目標，確有必要了解學生對於教學的知覺內容，俾資做為進行「教」（teaching）及引導「學」（learning）的參考。「教」與「學」相互影響，關聯緊密。學生在學習角色上，有必要將其教學知覺讓老師了解。

四、 教學評鑑是一系列系統作業的過程，涉及學知反應表的信度與效度、學生回饋學知反應表的有效性、學生學知資料處理分析的有效性，以及教師運用學生課程學習知覺反應資料統計概況表（簡稱知概表）的有效性。本校在發展教學評鑑系統上，相當重視嚴謹地進行每一個作業過程，並謹守尊師重道的核心理念。

對教學評鑑的一些謬誤和正識

親愛的教師們：

　　毋庸諱言，教學評鑑在高等學府中一直有著一些爭議，這些爭議至少說明了教學評鑑這種源自外國的制度，在仿效及移植的過程中產生種種不適應的陣痛現象；同時也說明了外國尚在發展而且仍有商榷空間的制度，即予全盤移植的不妥。無論如何，在這些現象裡面也交織著心理的疑惑與誤解。本人從過去參與建立學校教學評鑑系統的經驗中，深刻體會到這些陣痛現象的意義。本校為健全校務發展制度，正研擬發展一套具有本校特色風格的教學評鑑系統，值此時刻，不揣淺陋，試將教學評鑑常存在的一些誤解，臚陳正解於下，俾供參考並請賜正為盼。

　　誤解之一：教學評鑑是由學生針對教學（含教師教導與學生學習）的安排與行為所設計的評量表，就滿意、適合、優劣等程度進行評定之結果。此種誤解至少有以下三點不妥的觀念：

　　第一點是把評鑑（evaluation）看成是量表的評定（scale rating）。事實上，評鑑是一連串有計畫的系統作業，此系統作業係針對個人或組織的工作行為及成效所涉及的相關指標，由相關人員提供相關指標的參考資料，當然所謂的相關指標及參考資料的擬議及確定，要經過相關人員的研究、討論及了解之過程，並由特定資格的人士組成評鑑小組，小組委員依據指標及參考資料顯示的水準，進行評判並提出評鑑報告，亦即呈現事實分析、優點、有待商榷之處、其他建議事項等。至於量表的評定，只能視為評鑑系統作業過程裡的一環次系統作業，而量表評定所得的資料，亦僅是多種參考資料中的一種。

　　第二點是把學生視為有特定資格的評鑑者（evaluator）。對教師教導與學生學習的成效委由學生權充評鑑者，進行集體公投式的評定，同時又是以

滿意、適合、優劣等價值判斷的量尺進行評定,將所得的結果粗劣地據以做為教學績效的第一手直接證據。雖然使學生對教學感到滿意,是教學評鑑期待的目標之一;但是要注意,事實上,學生對教學感到滿意與否,未必一定與教學品質好壞相關,因為學生的學習投入與其成績相稱與否、前一學期老師所給的分數高低與否、外在歸因強弱與否等情況,皆會影響其對教學滿意的感覺。至於教學是否適合,是否優劣,常常受到個人主觀偏好因素的影響,也未必一定與教學品質好壞相關。

第三點是認為學生有權利來評鑑教學,甚至認為學生是學校提供教學產品的消費者,於是乎有權評鑑所消費的教學產品。事實上,這不僅扭曲教學的教育性質,同時也誤解了評鑑;學生應該有權利在適當的時機來反應他們自己對教學所知覺到的事實,而教師及學校相關單位人員有義務重視學生在教學上的知覺反應所顯示的意義。對於學生在教學上的知覺反應所顯示的意義,予以適切的反應乃是教師和教學評鑑者(委員)的職責。學生並非直接擔任或參與評鑑,而是間接參與了教學評鑑過程中的一項評定(問卷填答)作業。

誤解之二:教學評鑑是教師自己的工作,教師對自己教學(含教師教導與學生學習)種種的安排與行為,在滿意、適合、優劣等的程度上自行評定之結果;言下之意,表示教師的教學是良心工作,教師會謹守良心,認真負責將教學做好;教師擁有完全的教學工作自主權,教學評鑑是教師自己的事務,其他人士是不應置喙的。此種觀點部分自屬正確,但仍有情理欠當或有待補充釐清之處;茲舉以下二點:

首先,教學自主權和教師自我教學評鑑並不與教學評鑑相衝突。教師自身自當視教學工作重要,教學好壞影響深遠,務須秉持教育良心,盡心竭力從事教學。教師把份內教學工作做好,自然也包括了對自己的教學進行自我評鑑;不過,教師的教學自主權和教師的自我教學評鑑,並不是也不該與由學校組織發展為導向的教師評鑑系統中的教學評鑑系統相衝突的。評鑑是任

何組織在其健全功能與發展上必須具有的系統。教師評鑑系統其實是整個校務評鑑系統中的一環，評鑑系統所提供的統計分析與具體的建議，對於教務、學務、院務、系務、人事、總務等方面的校務經營與發展，具有實質性的重要意義。在塑造學校形象、提昇學校聲譽，健全永續經營上具有指標性的作用。

其次，教師對於教學評鑑的資料蒐集、統計分析、評鑑資料之應用過程及其原則，由於過去的處理欠當或人云亦云，以致常有負面的態度。評鑑是組織正常存在與發展所建立的作業系統，此種作業系統絕非是用來挾制組織人員的。對學校組織抑或對教師個人而言，教學評鑑系統產出的資料，均須提供適當的及必要的使用人員或評鑑委員，同時在使用或評鑑時務必審慎，除了須了解資料本身的意義之外，尚須了解資料的參考性質及其限度。由學生個人填答的「教學知覺反應量表」，該量表的設計、實施、資料結果的處理與分析，皆須經嚴謹的過程，得到的統計量數，係代表整班修課學生知覺到的（perceived）教學現象（teaching and learning deeds）之集體趨勢，並非是學生在僭越行使評鑑，亦非反映學生對教學作滿意、適合、優劣等價值判斷的評定。這些資料是修課學生對教學事實如實地反應結果，教師有責任重視學生這種對教學如實的反應，進一步了解學生對教學的觀感，對於發展教學知能，增進教學效能，具有相當好的輔助性功能。

誤解之三：教學評鑑是教學行政機關裡的專業人員，如督學、教學輔導員的工作；他們定期或不定期到校視導教學，或是學校裡的資深教師對新進暫聘教師或資淺教師的教學進行督導。過去的學校管理制度，偏重由上而下和由外而內的管理，因此早期的教育行政體系特重教育視導工作，視導員常被賦予極高的權威與象徵性的符號，於是上級督學來校視導常被視為如臨大敵一般，真正的教育問題反而隱諱規避。現在情況不同了，教育視導已與教育評鑑合流，在校務自主化的趨勢下，校務評鑑成了學校經營的內在事務。很多大學校院已一步步地在進行著校務自我評鑑制度的建立，在建立評鑑系

統的過程上，不免遭遇著種種困難，也不免犯了若干錯誤，也因此或多或少總有一些疑慮與抵制。教學評鑑系統作業是校務評鑑系統中的一環，教師毋須把它看成是衝著自己或是教師而來的詭計；實際上學校邁入校務自主化的時代後，校際之間的競爭也不可免的日趨劇烈。因此，教師需要了解這些評鑑系統實際上是為著教師能在校安身立命、長遠服務的目的而設計的，它其實是站在師道真正尊嚴的立場而建立的。如果能以這樣的理解來接納它的到來，相信教師的教學、研究與服務的教職生涯會在校務正常發展下相得益彰的。

誤解之四：教學評鑑作業系統在研擬、試行、實施的階段與過程之中，認為它是專家們和學校教務單位的事，教師是無緣置喙的。其實，系務的經營不是系主任一個人的事，校務的經營也絕非校長一個人或學校行政主管們的事。實際上，每一位教師都有責任與義務透過適當的管道來參與系務、院務乃至校務。譬如，學校各級的教師評審會是如何決定一位教師的升等與否，這位教師的教學、研究與服務的績效是如何實徵的，教學績效在決定新聘與升等時要定下的門檻是否相同，靠什麼有效可靠的資料來鑑定的；在過去制度沒有建立的情況下，評審（鑑）委員只好憑印象及好惡來下判斷，所謂公正也只是徒具形式，種種弊端滋生，遂難避免。現今的教師應當以積極進步的態度，於適當的時機來參與系務乃至校務，反應意見和提供建言；視建立可長久發展和進步的制度與自己教職生涯能否健全開展之成敗，關係互為表裡，密不可分。唯有教師們這樣積極的健全參與態度，教學評鑑作業系統在研擬、試行、實施的階段與過程中，會很自然地形成為一種全校性的行動研究，大家集思廣益，腦力激盪，最後凝結成共識性最好的研究成果，同時也發展出最有效的、合宜的、可行的制度。

教學評鑑研發委員會研發小組召集人
○○○　敬上
91 年 11 月 21 日 中秋夜

期末致教師函

親愛的老師們：

　　這學期上課的日子，只剩下最後一個多月了。於此時機，本組要向各位任課老師辛勤的教學表達崇高的敬意，同時對每一位任課老師或直接或間接所給予的支持或指教表達衷心的謝意。

　　教品組自本（92）學年度設置迄今已四個多月，本應及早向各位任課老師報告教品組工作訊息，提供各位任課老師若干教學諮詢服務；惟因本組初設，百事待舉，自認服務多有欠周之處，懇祈寬宥為感。

　　茲有以下二事，敬祈老師們惠予配合：

一、隨函附上「**平常教學效果自我評估主要問題表**」乙份（請參閱附件一），本表大致涵蓋教學效能重要元素，藉供 貴師平日教學自行參酌，俾資裨益教學。

二、隨函附上「**期中課程學習知覺反應表**」乙份（請參閱附件二），本表係擬作日後期中學生回饋學習知覺之參考用，敬請任課老師詳閱，如有指教及意見，煩請逕行填寫於「**期中課程學習知覺反應表意見單（教師用）**」（請參閱附件三）內，並請於本（12）月 14 日前，逕寄電子郵件信箱：2046@mail.hwc.edu.tw

　　耑此，順頌

教祺

教品組組長○○○　敬啟（92 年 12 月 8 日）

（附註：其他指教及聯繫事宜，請逕電 26015310 ext.209）

附件一

平常教學效果自我評估主要問題表

（教師用 92.12.08）

1. 我讓學生確實了解本學科目標了嗎？

2. 我讓學生確實了解本學科價值了嗎？

3. 我讓學生確實了解本單元目標了嗎？

4. 我是否藉測驗了解學生學習本學科有何樣的學習基礎？

5. 我是否按照學生程度來安排教導及學習？

6. 我是否設法帶動學生學習意願以進行教學？

7. 我是否與學生相互約好信守共同規定事項？

8. 教學前，我是否將我要教的及學生要學的，作妥善地準備？

9. 每堂課，我教的教材，份量是否適度？

10. 每堂課，我教的教材，難度是否得宜？

11. 每堂課，我安排的教學，是否可以有效配合單元目標？

12. 我是否經常以有效的造形、聲音、色彩等不同形式來呈現教材？

13. 上課時，我的聲調、表情、動作是否有效傳達、詮釋、感應？

14. 上課時，我的教導是否視學生學習狀況而適時調整改變教法？

15. 上課時，我是否經常舉例論證，引導學生正確思考？

16. 上課時，我是否經常舉生活實例，使學生有效了解記憶？

17. 上課時，我是否經常善用教學媒體，使學生有效了解記憶？

18. 我是否會鼓勵學生安心發表？

19. 我是否會引導學生討論報告？

20. 我是否會適時提供學生發問機會？

21. 我是否會心平氣和懇切對待學生？

22. 我出的試題是否能反映教學的重點內容？

23.我出的試題是否能有效區分學生學習結果的品質？

24.我評量分數是否能公正合理？

25.我安排的教學能讓學生有學習滿足感嗎？

26.我安排的教學能讓學生主動用功投入嗎？

27.學生在我安排的教學中會凝神專注保持良好的學習行為嗎？

附件二

期中課程學習知覺反應表

（研擬本 92.11.24）

課程名稱：＿＿＿＿＿＿　授課老師：＿＿＿＿＿＿　填卷日期：民國92年＿＿月＿＿日

填卷學生：＿＿＿＿＿＿　系科年班：＿＿＿＿＿＿　學號：＿＿＿＿＿＿

填答說明：1.請依據你認知到的情況來衡量每題與你的知覺相符的程度，然後在下面第1～15
題的適當方格「□」內註記勾號「∨」。

　　　　　2.在第16題的空白處，寫下自己的觀感，如無觀感，可以免填。

	很相符	相符	一半一半	不相符	很不相符	無法決定
1.我可以說出學這門課要在知識、技能和行為態度上達到的目標。…	□	□	□	□	□	□
2.我可以說出這門課要學習哪些重要方面的內容。………………	□	□	□	□	□	□
3.在修課前，我對本課程的內容大致已有些初略的認識。…………	□	□	□	□	□	□
4.本課的開始階段，相當側重學習本課程所須具備的基礎知能。…	□	□	□	□	□	□
5.到目前為止，我對老師所教的內容能充分了解。………………	□	□	□	□	□	□
6.到目前為止，老師上課的講解，我覺得可以容易理解。…………	□	□	□	□	□	□
7.我覺得本課程所用教材的難度，適合我的程度。………………	□	□	□	□	□	□
8.我覺得老師上課的進度，適合我的程度。………………………	□	□	□	□	□	□
9.我對本課程上課所進行的學習活動，都會專心熱誠主動投入。…	□	□	□	□	□	□
10.我覺得和本課老師溝通輕鬆容易。……………………………	□	□	□	□	□	□
11.我覺得老師在上課時會歡迎同學發問。………………………	□	□	□	□	□	□
12.我覺得老師對於學生的問題會給予適當的指導與建議。………	□	□	□	□	□	□
13.我了解老師開列的平常作業和評分方式。……………………	□	□	□	□	□	□
14.我覺得期中考試題，都是老師教過或交代要自行學習的教材。…	□	□	□	□	□	□
15.我覺得老師在批改作業及閱卷評分上會儘量做到客觀公正的地步。	□	□	□	□	□	□

16.對老師的教導和我自己的學習，我想要說的話是：

＿＿＿＿＿＿＿＿＿＿＿＿＿＿＿＿＿＿＿＿＿＿＿＿＿＿＿＿＿＿＿＿＿＿＿＿＿

＿＿＿＿＿＿＿＿＿＿＿＿＿＿＿＿＿＿＿＿＿＿＿＿＿＿＿＿＿＿＿＿＿＿＿＿＿

＿＿＿＿＿＿＿＿＿＿＿＿＿＿＿＿＿＿＿＿＿＿＿＿＿＿＿＿＿＿＿＿＿＿＿＿＿

附件三

期中課程學習知覺反應表意見單（教師用）

說明：提供卓見時，先請指明意見之對象，然後，臚列您的卓見內容（如：
　　　第○題的文字「○○○○」宜改為「○○○○」）。

意見：

_____

_____

_____

_____

_____

_____

_____

_____

_____

_____

_____

_____

_____

_____

_____

_____

_____

附件 11

函請老師提供意見

敬愛的老師們：

讓學生成功地學習，有效地達成教導的目標，是擔任教師一職的我們，在教職生涯漫長的歲月裡，不僅是大家夢寐嚮往，而且一直是我們付諸行動，發揮愛心與智慧，以求這份教職工作實現的盡善盡美。

正是為著這份期許與理想，才有著眼前這些工具及其運作與使用方式的誕生，它們是靠著我們真摯的教職信念與熱愛，在大家絞盡心思的參與奉獻之下，才有目前的這些樣貌。

為使這些東西能為教師生涯的發展，確確實實有著積極性的貢獻成分，尚有賴教師們繼續不懈地協助它們正常成長、茁壯、賡續發展。

這一切不僅與我們教職生涯發展的自我期許密切攸關，而且也與學校能否具備發展潛力，符應現代高教發展步調，健全推展校政等諸般決策互為表裡，緊密關聯。

因此，研發小組深切地需要瞭解老師們真實的想法，需要老師們提供的卓見。為此，特奉上「意見表」乙份（如附件），敬懇貴教席撥冗於本（二）月底前惠予填答後，即予擲寄（交）本校教務處轉「研發小組」收。您的費神參與，無任感荷，謹此致上我們衷心的謝忱。

耑此 順頌

教綏

醒吾技術學院教學評鑑研發策進委員會

研發小組　敬啟

92 年 2 月 12 日

附件

意見單（教師用）

說明：提供卓見時，首先請指明意見之對象，如「課程學習知覺反應表」
（簡稱「反應表」）、「知覺反應資料統計概況表」（簡稱「概況
表」）、「期初課程學習知覺反應問卷」（簡稱「期初問卷」）等有
關之工具資料；其次，再指明該資料何處之文字符號；然後，列述
您的卓見內容。

意見：

_____

_____

_____

_____

_____

_____

_____

_____

_____

_____

_____

_____

_____

_____

_____

_____

附件 12

九班學生在學知反應表信度考驗上的相關係數矩陣
（93.10.25）

「教學內容」相關矩陣

	教學計畫	內容充實	教材份量	教材難度
教學計畫	1.0000			
內容充實	.3453	1.0000		
教材份量	.2458	.4508	1.0000	
教材難度	.2653	.4500	.7354	1.0000

N=352 4items Alpha=.7364 SI Alpha=.7398

「教學方法」相關矩陣

	教法生動	教法權變	表達清晰	精神貫注	講課條理	順利理解
教法生動	1.0000					
教法權變	.5498	1.0000				
表達清晰	.4620	.4921	1.0000			
精神貫注	.4659	.5112	.4957	1.0000		
講課條理	.5179	.4983	.4685	.5593	1.0000	
順利理解	.4294	.5391	.4111	.5686	.6161	1.0000

N=362 6items Alpha=.8596 SI Alpha=.8599

「教學態度」相關矩陣

	教導盡心	時間控制	解答耐心	鼓勵學問	關注學習	請益容易
教導盡心	1.0000					
時間控制	.4771	1.0000				
解答耐心	.5954	.4296	1.0000			
鼓勵學問	.5093	.4406	.6126	1.0000		
關注學習	.4857	.4087	.4880	.5904	1.0000	
請益容易	.3852	.3705	.4592	.4605	.4596	1.0000

N=341 6items Alpha=.8461 SI Alpha=.8422

「教學評量」相關矩陣

	評量合理	評量多元	試題分布	試題難度
評量合理	1.0000			
評量多元	.4220	1.0000		
試題分布	.5019	.3953	1.0000	
試題難度	.4370	.3463	.6020	1.0000

N=364 4items Alpha=.7645 SI Alpha=.7665

「師生關係」相關矩陣

	師生相處	主動關心	欣賞分享	敬重喜愛	願意推薦
師生相處	1.0000				
主動關心	.5742	1.0000			
欣賞分享	.5272	.6458	1.0000		
敬重喜愛	.7052	.6060	.5982	1.0000	
願意推薦	.6128	.5858	.5535	.6937	1.0000

N=327 5items Alpha=.8868 SI Alpha=.8867

「學生因素」相關矩陣（前側）

	出席情況	自修時數	修課目標	修前興趣	總體感受	學習投入
出席情況	1.0000					
自修時數	.0271	1.0000				
修課目標	.1544	.1821	1.0000			
修前興趣	.0994	.1757	.4167	1.0000		
總體感受	.1805	.1762	.1088	.2588	1.0000	
學習投入	.2152	.3588	.2606	.3792	.4169	1.0000

N=360 6items Alpha=.6034 SI Alpha=.6384

「學生因素」相關矩陣（後側）

	出席情況	自修時數	修課目標	修前興趣	總體感受	學習投入
出席情況	1.0000					
自修時數	.0476	1.0000				
修課目標	.0571	.1762	1.0000			
修前興趣	.1104	.2407	.4347	1.0000		
總體感受	.2658	.1222	.1489	.3067	1.0000	
學習投入	.2178	.2981	.2233	.4527	.3996	1.0000

N=350 6items Alpha=.5942 SI Alpha=.6463

學生課程學習知覺反應表（期末濃縮版）

（學生用 93.10.25）

課程名稱：＿＿＿＿＿＿＿＿＿＿＿＿＿　授課老師：＿＿＿＿＿＿＿＿＿＿＿＿＿

填卷學生：＿＿＿＿＿＿＿＿　學號：＿＿＿＿＿＿＿＿　系科年班：＿＿＿＿＿＿

填答說明：請依據自己知覺到的實際情況，在下面各題後的適當方格「□」內劃上勾號「ｖ」；如不知道或不清楚，請勾選「不清楚」；在最後一題的空白處，可寫下其餘你還想說的話，如果沒有，可以免填。

	很符合	符合	一半一半	不符合	很不符合	不清楚
1. 我感到上課時老師安排進行的內容或活動很豐富充實。	□	□	□	□	□	□
2. 對我而言，老師上課所採用的教材是適中的。	□	□	□	□	□	□
3. 我覺得老師會按學生學習情況，調整教學的內容、進度或方法。	□	□	□	□	□	□
4. 我感到老師講課，條理分明，深入淺出，容易領會了解。	□	□	□	□	□	□
5. 我感到老師多能準時上下課，進行活動，時間控制適當。	□	□	□	□	□	□
6. 我感到老師會注意及關心學生的學習狀況，比如是否了解、進步。	□	□	□	□	□	□
7. 我感到老師對學生學習成績的評量，要求的標準合理，評分客觀公正。	□	□	□	□	□	□
8. 我感到老師採用了多種方式（如報告、考試、課堂參與）評量學生的學習成績。	□	□	□	□	□	□
9. 我感到老師深得同學的敬愛。	□	□	□	□	□	□
10. 我願意向同學推薦選修老師開的本課程。	□	□	□	□	□	□

11. 我對本課要學的內容，原本就感到：□很有興趣□有興趣□普通□沒有興趣□很沒興趣。

12. 我在上本課時，專注投入的程度是：□幾乎總是□經常□一半一半□偶而□幾乎從未。

13. 上這門課，除了上面我所感到的狀況之外，我還想說的話是：（如無，可免填寫）

＿＿＿＿＿＿＿＿＿＿＿＿＿＿＿＿＿＿＿＿＿＿＿＿＿＿＿＿＿＿＿＿＿＿＿＿＿

＿＿＿＿＿＿＿＿＿＿＿＿＿＿＿＿＿＿＿＿＿＿＿＿＿＿＿＿＿＿＿＿＿＿＿＿＿

＿＿＿＿＿＿＿＿＿＿＿＿＿＿＿＿＿＿＿＿＿＿＿＿＿＿＿＿＿＿＿＿＿＿＿＿＿

附件 14

學知調查的目的和學生受調的心態
（教師用）

敬愛的老師們：

　　本文係一篇宣導文件，提供老師們參酌，做為向學生宣導時的參考說帖，俾讓學生正確認識學知調查的目的，以及上線作答學習知覺反應量表時，所應持有的態度。謹懇貴席卓參酌，並費神宣導為感！

醒吾技術學院教務處

94.09.22

一、學知調查的目的

　　首先學生會問：為何要進行學知調查？老師可向學生說明以下三種目的：

⑴目的之一：提供教師做為教學精進成長的參考

　　對教師而言，能否敏銳覺察學生對教學的知覺，並以適當的教材教法進行有效教學，攸關教學成效；因此，對學生教學知覺保持適度的敏感覺察力，極為重要。蒐集學生教學知覺，提供教師做為教學精進成長參考，已為高等校院普遍存在的事實。

⑵目的之二：學生學習理性客觀的判斷

　　學知調查是指學校在期末階段調查學生們在課程學習過程上綜合的教學知覺。學生為一主體的知覺者，如實對調查題目反應其知覺內容。學生照著他們自己的知覺經驗，針對調查表上的題目作知覺吻合的判斷反應。這時所欲測量和蒐集的資料，是學生按調查表上的題目所涉及的事實，依據自己個人在上課學習過程上所知覺到的事實經驗，作吻合程度的綜合判斷。此種「事實經驗的綜合判斷」與「理想價值的主觀判斷」不同，後者是受調者以

一理想的標準做判斷。另外，此種「事實經驗的綜合判斷」亦非「情意好惡取向的主觀判斷」。

(3)目的之三：減低誤差，提高有效教學知覺測量的效度

以「知覺事實經驗的綜合判斷」，而非以「理想價值的主觀判斷」及「情意好惡取向上的主觀判斷」做為資料蒐集的方式，這樣做的原因有兩個方面的考慮，一方面是顧及「價值判斷」與「好惡判斷」常涉及師生倫理、權力地位等因素，因而可能會影響學生真實地反應；另一方面，由於調查的目的不是放在學生對教學態度反應的層面，希望調查的結果不是反映學生受測時之「價值判斷」與「好惡判斷」的影響，而是如實地反映其學習的知覺經驗事實。為要做到這種「知覺事實經驗」的測量，必須注意學生於受調時的心態。

二、學生於受調時，應有的態度為何？

學生們於實施學知反應時，需要在心態上有著以下三點的基本理念：

1.認真作答學知反應表是我修習這門課的一項有益的學習：因為透過作答可以了解學習過程上需要多方面的配合與投入，幫助自己更深入思考及了解對事務的看法與感受，作答學知反應表是對自己有益的學習活動。

2.認真作答學知反應表是我修習這門課的個人應盡的義務與責任：因為我修習這門課，要取得這門課的學分，我有義務對我自己修習這門課的品質作一番檢視，我有責任對我自己修習這門課的知覺要讓任課老師知道，讓他更能有效教課讓我有效學習。我有責任盡我的義務為提昇學校教學品質盡一份心力。

3.認真作答學知反應表是我個人為自己負責的事：我的學習知覺是代表我個人知覺到的經驗內容，我不必在乎別人的知覺是否與我相同，我不需任何他人的指點與建議，我也絕不對其他同學作出任何明顯影響的言語和隱含暗示的行為，我只管對自己的知覺做忠實地作答負起全責。

學知調查的目的和學生受調的心態

（學生用）

親愛的同學：

　　本文是讓同學們正確認識學知調查的目的，以及上線作答學知反應表時，所應持有的態度。

醒吾技術學院教務處教品組敬啟

96.12.04

一、學知調查的目的

1.提供教師做為教學成長的參考

　　對教師而言，能否敏銳察覺學生對教學的知覺，並以適當的教材教法有效進行教學，攸關教學成效，極為重要。因而蒐集學生教學知覺，提供教師做為教學精進成長的參考，已為高等校院普遍存在的事實。

2.學習理性客觀的判斷

　　學知調查是學校在期末階段調查學生們在課程學習過程上綜合的教學知覺。它所欲測量和蒐集的資料，是學生依據自己個人在上課學習過程上所知覺到的「事實經驗」，針對調查表上的題目作「吻合程度的綜合判斷」。此種「事實經驗的綜合判斷」與「理想價值的主觀判斷」及「情意好惡取向的主觀判斷」不同，「理想價值的主觀判斷」是受調者以一理想的標準做判斷依據；「情意好惡取向的主觀判斷」是以自己情感上的好惡為判斷依據；而「事實經驗的綜合判斷」則是以知覺經驗到的客觀事實為判斷依據。三種判斷類別的差異如下表：

判斷類別	命題：「老師上課的教材適合我的程度」	判斷依據
理想價值的主觀判斷	理想標準：要完全不費力就可理解 主觀判斷：老師教的東西太深了！	理想的標準
情意取向的主觀判斷	情感好惡：我討厭他 主觀判斷：管他的，給他低分！	情感的好惡
事實經驗的綜合判斷	客觀事實：我真的專心上課，教材還很適合 綜合判斷：因為適合我的程度，所以……	客觀的事實

3.減低誤差，提高有效教學知覺測量的效度

　　以「知覺事實經驗的綜合判斷」，而非以「理想價值的主觀判斷」及「情意好惡取向上的主觀判斷」做為資料蒐集的方式，這樣做的原因有兩個方面的考慮，其一是顧及「價值判斷」與「好惡判斷」常涉及師生倫理、權力地位等因素，因而可能會影響學生真實地反應；其二，由於調查的目的不是放在學生對教學的態度反應，不是學生受測時之「價值判斷」與「好惡判斷」，而是學生學習知覺的客觀事實經驗。為要做到這種「知覺事實經驗」的測量，必須注意受調時的心態。

二、學生於受調時，應持有的心態：

　　同學們於實施學知反應時，需要在心態上有著以下三點的基本理念：

1.認真作答學知反應表是我修習這門課的一項有益的學習

　　因為透過作答可以了解學習過程上需要多方面的配合與投入，幫助自己更深入思考及了解對事務的看法與感受，作答學知反應表是對自己有益的學習活動。

2.認真作答學知反應表是我修習這門課的個人應盡的義務與責任

　　因為我修習這門課，要取得這門課的學分，我有義務對我自己修習這門課的品質作一番檢視，我有責任對我自己修習這門課的知覺要讓任課老師知道，讓他更能有效教課，也讓我有效學習。我有責任盡我的義務為提昇學校

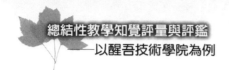

教學品質盡一份心力。

3.認真作答學知反應表是我個人為自己負責的事

　　我的學習知覺是代表我個人知覺到的經驗內容，我不必在乎別人的知覺是否與我相同，我不需任何他人的指點與建議，我也絕不對其他同學作出任何明顯影響的言語和隱含暗示的行為，我只管對自己的知覺做忠實地作答負起全責。

學生上網回饋課程學習知覺暫行實施要點

（93 年 10 月 18 日教務處擬　提 93 年 10 月 25 日行政會議案）

一、為建立學生上網回饋課程學習知覺及資料分析與應用等作業方式，俾資
　　了解學生課程學習概況，藉供教學評鑑參考等目標之施行原則，特訂定
　　本實施要點。

二、依據本校「　　」第　條之規定「--- ---」暨「教學評鑑研究發展策進委
　　員會組織辦法」第 1 條之規定「……為有效推展教學研發工作，提昇教
　　學品質……」訂定之。

三、作業方式

㈠學生上網回饋課程學習知覺

　　1.課程及期程範圍：涵蓋所有教學課程，每學期均納入行事曆實施。

　　2.回饋類別：期初、期中側重教師自行實施形成性教學評鑑（formative
teaching and learning evaluation），教務處教品組提供期初、期中學知反應
表，由教師自行施行及分析應用。期末側重實施總結性教學評鑑（summative
instruction evaluation），由各系科協同教務處及電算中心安排學生上網施作
期末學知反應，所得分析結果由教品組通知及函送教師（上網）自行檢閱
（自我評鑑教學），以及相關業務主管人員（校長授權）參用之。

　　3.期末學知反應表：依據教務處教品組研發之最新版本（本學期將發布
新濃縮版）。

　　4.期末回饋時間：日間部原則上安排在第 15～16 週實施。

　　5.學生對上網回饋學知反應之心態：教務處教品組當會知導師、班級幹
部（班長、學藝股長）向同學宣導了解上網回饋學知反應的意義與重要性。

6.學生上網回饋學知反應之參與及投入：教務處教品組當會同電算中心將是否準時參與並有效完成上網回饋學知的學生資料，送交學務處轉送級任導師等相關人員，供作評量德育、群育成績及學生生活輔導的參考資料。

7.上網回饋集中制與個別制並行實施：以集中制為主，由教務處教品組會同課務組、電算中心排定各班於電腦教室上網施作；並開放時段給學生自行上網施作。

(二)資料分析處理及表件資料之發送

1.學知反應表及其資料統計分析概況表件之設計、研發、修訂由教品組負責。

2.學生施作學知反應表及其資料統計分析概況表件之資料處理分析之系統作業，由電算中心負責。

3.教師個人、相關教學主管人員等之學知反應表件之發送，由教品組統籌處理並按行政程序施行之。

4.導師及學務相關人員之資料表件，由教品組統籌處理並按行政程序施行之。

(三)學知反應資料統計分析概況表件之應用

1.學知反應資料統計分析概況表件之應用，悉依92學年度教學評鑑研究發展策進委員會議通過並經校長核定實施之「學生課程學習知覺反應調查之統計分析資料運用守則」（請參見附件17）之規定施行之。

2.教學單位主管得參酌教師相關之學知資料統計分析概況表，做為安排授課的參考。

3.學務單位相關人員及導師得參酌班級學生參與及投入概況表，做為評量德育、群育成績或行為表現優劣的參考。

四、本暫行實施要點經行政會議通過後，提交本校教學評鑑研究發展策進委員會議審議通過，經校長核定後公布實施，修正時亦同。

學知反應資料統計表件之發送與應用作業實施要點

（93 年 10 月 18 日教務處擬　提 93 年 10 月 25 日行政會議案）

一、學知反應資料統計分析概況表件之發送由教品組負責。

二、學生學知反應資料之處理、統計分析之系統作業由電算中心負責。

三、教師個人之學知反應統計分析概況表一、表二和表三，均由教師自行進入學校網站校務系統之學知回饋查詢網頁上檢視。另外，學知反應統計分析概況表四則由教品組於學期之初列印後，由教務長轉請教學單位主管親交任課教師。

四、教師個人向教品組申請調閱及印製學知統計表件，以當事之個人資料表件為限。

五、教學及行政單位業務人員須經單位主管同意後，方可向教品組調閱及印製主管所需之學知統計表件。

六、學知反應資料統計分析概況表件之應用，悉依 92 學年度教學評鑑研究發展策進委員會議通過，並經校長核定實施之「學生課程學習知覺反應調查之統計分析資料運用守則」（如附件 17）之規定施行之。

七、本要點經行政會議通過後，提交本校教學評鑑研究發展策進委員會議審議通過，經校長核定後公布實施，修正時亦同。

附件 17

學生課程學習知覺反應調查之統計分析資料運用守則

一、屬於教師個人的學生知覺反應資料，學校有關資料的處理單位，均有業
　　務保密的職責，不得向外透露。

二、屬於教師個人的學生知覺反應資料，學校須以不透明之彌封信封，寄交
　　教師親收。

三、因校務與學術行政職責經予授權得接觸並參用教師個人的學生知覺反應
　　資料時，必須謹守教師專業倫理，切勿向職責無關的人員透露。

四、參與教師評審的委員，於評審會中須了解學生知覺反應資料的可能限
　　制，同時須參考受評教師的其他佐證資料，客觀理性公平公正地評審；
　　絕不可僅就此一項資料，遽予論斷。

五、參與教師評審的委員，於評審會結束後，絕不可向職責無關的其他人士
　　透露受評教師的任何資料。

六、教師收到的學生知覺反應資料後，不論好壞優劣與否，當事人不宜過度
　　宣揚，更不宜向學生訓斥。

七、教師收到的學生知覺反應資料後，倘若對於統計概況表中有不甚明瞭之
　　處，可在隨件附寄的信函中，找到諮詢電話，可向研發小組人員尋求諮
　　詢協助。

期末全面實施學生課程學習知覺反應調查作業提案

第　案

提案單位：教務處課務組暨教學評鑑研究發展策進委員會研發小組

案由：茲為建立本校教師教學評鑑資料蒐集作業行政制度，擬訂「91 學年
　　　度第二學期期末學生課程學習知覺反應調查作業計畫」，並擬於本學
　　　期期末由各相關單位配合作業項目及時程全面實施，陳請　核准。

說明：一、教師教學評鑑須一方面有賴教師平時教學進行「教師自行評
　　　　　鑑」，另一方面得由擔任教評會委員的「其他教師評鑑」，如
　　　　　此雙管齊下，形成良好風氣，方能收到教師教學評鑑的積極功
　　　　　能。有鑑於此，上面兩途的評鑑皆須藉助有效的調查工具，實
　　　　　施調查，透過蒐集到的可靠資料，進行統計處理與分析，參照
　　　　　一些合理的標準，方得以鑑別優劣得失，從而得出如何因應調
　　　　　整的教學策略與技術。是故，資料蒐集之健全與否乃為教師教
　　　　　學評鑑之首要條件。

　　　二、有關 1.教學評鑑研究發展策進委員會組織辦法；2.教學評鑑規劃
　　　　　工作；3.教學評鑑系統架構；4.學生課程學習知覺反應表等，已
　　　　　於上學期校務會議通過在案；隨後復經多種相關會議溝通，並在
　　　　　專任教師與導師會議中轉達，並請大家提供意見，經過修正後之
　　　　　「學習知覺反應表」仍暫定為研擬本，特於上學期期末擇定八班
　　　　　測試，且於本學期期初綜合教學會議中，將該八班學生「學習知
　　　　　覺反應表」測試調查之有關表件，以及測試回收資料統計處理與
　　　　　分析之概況表，均印發與會教師，並徵求提供修正意見。復於本
　　　　　年 3 月 27 日本學期教務會議上，通過八班測試後之修正資料與
　　　　　本學期各項工作實施進度等。

三、鑑於教學評鑑有賴評鑑資料之妥善蒐集，現今本校研發之教學評鑑資料蒐集工具「學習知覺反應表」之編製與使用該表後蒐集所得資料之統計處理與分析，已陸續經過研議、修訂、部分試用測試、再修訂之過程，業已具備可正式普遍試用階段的可使用性、工具本身的有效性、資料處理的可信性，以及絕大多數教師的可接受度。

辦法：茲擬「91 學年度第二學期期末學生課程學習知覺反應調查作業計畫」如下表：

負責單位	作業項目	完成時程	備註
電算中心	1.學生上網受調「知覺反應表」作業系統。	5 月底前	
	2.「知覺反應概況表一」資料處理分析作業系統。	5 月底前	
	3.「知覺反應概況表二」資料處理分析作業系統。	5 月底前	
	4.「知覺反應概況表三」資料處理分析作業系統。	5 月底前	
	5.「知覺反應概況表四」資料處理分析作業系統。	6 月底前	
	6.「知覺反應概況表五」資料處理分析作業系統。	6 月底前	
	7.「教師上網查閱任課該班知覺反應概況」作業系統。	7 月底前	
	8.「相關人員上網查閱知覺反應概況」作業系統。	7 月底前	
課務組	1.通知各班學生上網受調「學習知覺反應表」。	6 月 10 日前	受調方式與態度須注意加以說明釐清。
	2.聯絡電算中心排定學生上網受調時間與 lab。	6 月 10 日前	
	3.寄發教師任課該班「學生學習知覺反應分析概況」。	7 月底前	
	4.轉交相關人員「教師之學生學習知覺反應分析概況」。	7 月底前	

學生課程教學知覺反應資料統計概況表件簡介
（96.08.28 教品組製）

學生課程教學知覺反應資料統計分析概況表（簡稱：知概表），係本校自行研發並提供任課教師以及經授權之教務暨學術相關人員等參考運用之重要表件，此一系列表件，目前共有十種，其提供參考之對象及功能如下。

知概表件	對象（使用者）	參考功能（運用標的）	附註
表一	任課教師	1.可知道每一學生在學知表每一子題上的反應。 2.能具體看到全班反應的原始數據。 3.能看到某一學生的文字回饋。	1.側重教師個人的自我評鑑。 2.本表由任課教師直接上線，進入本校校務行政系統於相關頁面檢閱參考。
表二	任課教師	1.可知道全班學生在學習知覺反應表（簡稱：學知表）12題中所代表的10個教學因素及2個學生因素的主要統計量數（如：次數、均數、眾數、標準差）。 2.從五點量尺之次數分配上，可具體看出主要的落點所在。 3.可從較低的均數值，思考何以學生較為負面回饋的原因。	1.側重教師個人的自我評鑑。 2.本表由任課教師直接上線，進入本校校務行政系統於相關頁面檢閱參考。
表三	任課教師	1.可知道全班學生5個教學向度及2個學生因素的主要統計量數。 2.可知道某一編號學生的文字回饋。 3.可從較低的均數值、眾數值、負面文字等，思考學生反應何以較為負面的原因。	1.側重教師個人的自我評鑑。 2.本表由任課教師直接上線，進入本校校務行政系統於相關頁面檢閱參考。

知概表件	對象 （使用者）	參考功能 （運用標的）	附註
表四	任課教師	1.可知道任教各班課程在教學向度及學生向度上的主要統計量數（包括：學生人數／答卷人數、均數、標準差）。 2.可看到自己在教學因素總合、學生因素總合、全部授課課程等的均數值與標準差。 3.可看到任課教師在本系、學群、全校為群體與其他教師比較的相對地位之 z 分數、百分位數、等第。	1.側重教師個人的自我評鑑。 2.本表由系（科）主任送交任課教師參考。 3.側重做為系內課程、教學、決策的參考資料。
表五	系科主任以及經授權之教務暨學術相關人員。	1.可知悉本系科每一任課教師所有任教課程在教學因素暨學生因素上之均數值及其個別的總均值。 2.可知道哪位教師在其任教不同課程上學生反應的狀況。 3.可知道相同課程上的不同任課教師，學生對其反應的狀況。	1.側重系科內有關課程、教學經營決策之參考。 2.必要時，做為相關評審會議委員審議決定的基本參考資料之一。
表六	系科主任以及經授權之教務暨學術相關人員。	1.可知悉本系科同一任課教師在其任教不同課程的班上學生所回饋的文字反應。 2.可知悉本系科不同教師在其任教相同課程上學生文字反應的狀況。 3.可知悉同一班級學生對不同任課教師，所回饋的文字反應。	1.側重系科內有關課程、教學經營決策之參考。 2.必要時，做為相關評審會議委員審議決定的基本參考資料之一。
表七	系科主任以及經授權之教務暨學術相關人員。	1.可檢視本系科（或全校）教學因素五大面向總均數值 3.90 以上之任課教師名單。 2.供作系內有關課程及教學行政決策之參考。	1.基本上，教學因素五大面向總均數值以 3.90 以上為優異的基準點。 2.提供做為教師工作績效評鑑中教學績效決定之參考。

知概表件	對象 （使用者）	參考功能 （運用標的）	附註
表八	系科主任以及經授權之教務暨學術相關人員。	1.可檢視本系科（或全校）教學因素五大面向總均數值2.98以下之任課教師名單。 2.供作系內有關課程及教學行政決策之參考。	1.基本上，教學因素五大面向總均數值以2.98以下為欠佳的基準點。 2.提供做為教師工作績效評鑑中教學績效決定之參考。
表九	教務行政主管及教學單位主管。	1.可檢視各學制、各部、全校的學知回饋人次、均數、標準差。 2.可供教務行政主管運用統計方法比較不同學制、各部之間，是否具有顯著差異存在。	1.做為檢測查驗各單位之間有否真正差異存在。 2.做為教學行政決策之參考。
表十	教務行政主管及教學單位主管。	1.可檢視各系、各學群、全校的學知回饋人次、均數、標準差。 2.可供行政主管運用統計方法比較學制、各部之間，是否具有顯著差異存在。	1.做為檢測查驗各單位之間有否真正差異存在。 2.做為教學行政決策之參考。

總結性教學知覺評量與評鑑
——以醒吾技術學院為例

附件 20

學生課程學習知覺反應資料統計概況表一
（教師用研擬本 92.02.02）

授課老師：○○○　　　　　　課程名稱：HR
系班學生：　　　　　　　　　填答日期：92/1/5～92/1/11　　　　　學生人數：32

該班學生在各子題的知覺反應之原始資料登錄說明：

　　以下為該班參與填答反應表的學生在各子題的知覺反應之原始資料登錄。從直行橫列來看，每一列為一筆學生的資料，有若干列就有若干筆學生的資料，茲詳述如下：

甲、基本資料（1～10行）：第1、2兩行為「系科」代碼，3、4兩行為「年班」代碼，5、6兩行為「學生編號」碼，7、8、9、10四行為「課程」代碼。

乙、教學因素（11～35行）：第11～35行（共25行）為學生在反應表上從第15選項上所勾選反應之代碼（5：很符合；4：符合；3：一半一半；2：不符合；1：很不符合；0：不清楚）。

丙、學生因素（36～41行）：第36～41行的代碼（如括弧內的數字）及其文字意義如下：

第36行：⑸全勤100%；⑷幾乎全勤90～99%；⑶偶而缺課75～89%；⑵時常缺課60～74%；⑴經常缺課59%以下。

第37行：⑸6小時以上；⑷4～6小時；⑶2～4小時；⑵1～2小時；⑴1小時以下。

第38行：⑸獲得實用知能；⑷通解理論；⑶習得立身處世之道；⑵有助於參加升學或國家考試；⑴僅是獲得學分。

第39行：⑸非常有興趣；⑷有興趣；⑶似有或無很難說；⑵沒有興趣；⑴非常沒有興趣。

第40行：⑸非常滿意；⑷滿意；⑶一半一半；⑵不滿意；⑴非常不滿意。

第41行：⑸總是專注投入；⑷經常專注投入；⑶一半一半；⑵偶而不太專注投入；⑴從未專注投入。

丁、文字陳述（42～n行）：第42行之後為學生撰寫的文字敘述之登錄。

該班學生在各子題的知覺反應之原始資料登錄：

行	1	2	3	4	5	6	7	8	9	1	1	1	1	1	1	1	1	1	1	2	2	2	2	2	2	2	2	2	2	3	3	3	3	3	3	3	3	3	3	4	4	4	
次										0	1	2	3	4	5	6	7	8	9	0	1	2	3	4	5	6	7	8	9	0	1	2	3	4	5	6	7	8	9	0	1	2	～

ba000100hr4443334543455533334354554525444 老師課上得很好。
ba000200hr5455455455555544455545555524454 很好。
ba000300hr4434334444444343444443444524444
ba000400hr4434544444554544455345444544
ba000500hr5444344433555544434454554435454
ba000600hr3333233333333333333223233435444
ba000700hr3333323333244443332254444425535 希望老師上點理論的東西。
ba000800hr2555555555555550555005555425555
ba000900hr4544545555545540450050455415444 希望可以從老師身上學到更多的東西。
ba001000hr3444344444444333430355554514444

ba001100hr45455455555555544554353555435555
ba001200hr33333333333333333333333333523445
ba001300hr55355555555555555545444444555555 這是一門很活的學問，雖然老師教得很明確，但
總覺得不夠，可是礙於時間（上課時間）有些不
夠用，所以期待下學期再吸收知識。

ba001400hr44444444444444444444444444445445
ba001500hr44445544545555443444454545525454
ba001600hr55555555555555555555555555535555
ba001700hr55555555555555555555555555534555
ba001800hr55555555555555555555555555534555
ba001900hr55444444444444444444444444535444
ba002000hr24443444334444444444454444525444
ba002100hr44334444445455555555555545554
ba002200hr44555555555545545554555444535444 收獲良多，使我們對人力資源的架構更加了解，
並且有機會和實務去做比對，清楚目前服務的工
作其優勢和劣勢。

ba002300hr43243445443455433323434 44425544
ba002400hr33444333443355433330533443 25444
ba002500hr33333343333444443323334333 25543
ba002600hr33442535533555555533535455 25444
ba002700hr33344344444444444444444444435444
ba002800hr44444444444444444444444444555445
ba002900hr33334443444555444333334435 35444
ba003000hr33333333333333333333333333514444
ba003100hr55555455555555545555555555555555
ba003200hr44444444444444444444444444535554

附件 21

學生課程學習知覺反應資料統計概況表二
（教師用研擬本 92.02.12）

授課老師：○○○　　　　課程名稱：HR

系班學生：企○○　　　　填答日期：92/1/5～92/1/11　　　　學生人數：32

甲、教學因素各子題的統計量數

各子題摘要	五點量尺上各點之次數						均數 (M)	眾數 (Mo)	標準差 (σ)	M± 1σ圖示 1 ⊢——⊣ 5
	5	4	3	2	1	?*				
1.上頭幾堂課時，我認識了本課程的教學計畫和大綱。	8	12	10	2	0	0	3.81	4	.88	
2.感到上課內容或活動很豐富充實。	9	13	10	0	0	0	3.97	4	.76	
3.上課所用教材，對我而言份量適中。	7	13	11	1	0	0	3.81	4	.82	
4.對我而言，上課教材適合我的程度。	9	15	8	0	0	0	4.03	4	.74	
5.覺得上課配合實例或講義，教學生動有效。	10	11	9	2	0	0	3.91	4	.90	
6.覺得老師會按學生學習情況調整教學。	10	12	9	1	0	0	3.97	4	.84	
7.感到老師口音清楚，音量適度，表達自然。	10	16	6	0	0	0	4.13	4	.67	
8.老師授課方式，我感到容易精神貫注，學習投入。	12	13	7	0	0	0	4.16	4	.73	
9.感到老師講課條理分明，深入淺出。	12	13	7	0	0	0	4.16	4	.73	
10.感到在老師引導下，順利進入課題及綜合所學。	10	13	8	1	0	0	4.00	4	.83	
11.感到老師上課，教學周到，盡心盡力教導。	13	11	8	0	0	0	4.16	5	.76	
12.感到老師多能準時上下課，活動時間控制適當。	14	14	4	0	0	0	4.31	5&4	.70	
13.感到老師耐心回答學生問題。	19	10	3	0	0	0	4.50	5	.66	
14.感到老師鼓勵學生發問、討論。	19	8	5	0	0	0	4.44	5	.73	
15.感到老師注意及關心學生的學習狀況。	7	19	5	0	0	1	4.06	4	.65	
16.感到要請教老師是容易聯繫到老師的。	9	13	9	0	0	1	4.00	4	.75	
17.感到學習成績的評量，標準合理，評分客觀公正。	9	14	9	0	0	0	4.00	4	.75	
18.感到評量學習成績採用了多種方式。	11	10	11	0	0	0	4.00	5&3	.83	
19.感到試題內容平均分布並可考出程度。	6	14	5	4	0	3	3.76	4	.93	
20.感到試題難易程度適中並可考出深度。	8	10	9	2	0	3	3.83	4	.90	
21.感到師生相處融洽，上課氣氛良好。	19	8	5	0	0	0	4.44	5	.73	
22.感到老師在下課後，也會主動關心學生。	8	12	10	1	0	1	3.87	4	.84	
23.感到老師會欣賞及分享學生的學習表現和成果。	13	15	4	0	0	0	4.28	4	.68	
24.感到老師深得同學的敬愛。	13	15	4	0	0	0	4.28	4	.68	
25.我願意向同學推薦選修老師開的本課程。	11	16	5	0	0	0	4.19	4	.67	

* "？"係代表反應表中各題後選項裡的「不清楚」選項。

乙、學生個人因素各子題的統計量數

各子題摘要	各選項之次數					均數 M	眾數 Mo	標準差 σ
	(5)	(4)	(3)	(2)	(1)			
26.上課出席率	全勤 20	幾乎全勤 10	偶而缺課 2	時常缺課 0	經常缺課 0	4.56	5	.63
27.課後自修時數	6小時以上 3	4～6小時 3	2～4小時 11	1～2小時 12	1小時以下 3	2.72	2	1.06
28.修課最期望獲得	實用知能 24	通解理論 7	處世之道 1	升學或考試 0	獲得學分 0	4.71	5	.40
29.對本課學前興趣	很有興趣 13	有興趣 19	似有或無 0	沒有興趣 0	很沒有興趣 0	4.41	4	.49
30.對上課一般觀感	非常滿意 12	滿意 19	一半一半 1	不滿意 0	非常不滿意 0	4.34	4	.57
31.上課精神投入	總是專注 11	經常專注 20	一半一半 1	常不專注 0	從未專注 0	4.31	4	.55

丙、學生書寫的知覺反應（請參看附件22）

附件 22

學生課程學習知覺反應資料統計概況表三
（教師用研擬本 92.02.12）

授課老師：○○○　　　　　　課程名稱：HR

系班學生：企○○　　　　　　填答日期：92/1/5～92/1/11　　　　　學生人數：32

甲、教學因素五大面向之學生知覺反應的統計量數

主要面向*	5-scale 中各點之次數						均數 (M)	眾數 (Mo)	標準差 (σ)	M± 1σ圖示 1 └─┘ 5
	5	4	3	2	1	?				
一、教學內容	8.25	13.25	9.75	0.75	0.00	0.00	3.91	4	.80	
二、教學方法	10.67	13.00	7.67	0.67	0.00	0.00	4.06	4	.78	
三、教學態度	13.50	12.50	5.67	0.00	0.00	0.00	4.25	5	.71	
四、教學評量	8.50	12.00	8.50	1.50	0.00	1.50	3.90	4	.85	
五、師生關係	12.80	13.20	5.60	0.17	0.00	0.00	4.21	4	.72	
總　　合	10.74	12.79	7.42	0.62	0.00	0.30	4.07	4	.77	

*教學因素的「主要面向」係由反應表的第 15 題按其對於教學情境所知覺的屬性歸為五類，第 1～4 題歸為「教學內容」，第 5～10 題歸為「教學方法」，第 11～16 歸為「教學態度」，第 17～20 歸為「教學評量」，第 21～25 歸為「師生關係」。

乙、可能影響教學知覺反應之學生因素向面的統計量數

學生因素*	各選項之次數					均數 M	眾數 Mo	標準差 σ
	(5)	(4)	(3)	(2)	(1)			
上課出席率	100% 20	90～99% 10	75～89% 2	60～74% 0	59%以下 0	4.56	5	.63
課後自修時數	6hr↑ 3	4～6hr 3	2～4hr 11	1～2hr 12	1hr↓ 3	2.72	2	1.06
修課最期望獲得	實用知能 24	通解理論 7	處世之道 1	升學或考試 0	獲得學分 0	4.71	5	.40
對本課學前興趣	很有興趣 13	有興趣 19	似有或無 0	沒有興趣 0	很沒有興趣 0	4.41	4	.49
對上課一般觀感	非常滿意 12	滿意 19	一半一半 1	不滿意 0	非常不滿意 0	4.34	4	.57
上課精神投入	總是專注 11	經常專注 20	一半一半 1	常不專注 0	從未專注 0	4.31	4	.55

*「學生因素」係指在上課有關的行為中，源自學生個人自身的行為部分。本欄由上而下依序代表反應表上第 26～31 題。

丙、學生書寫的知覺反應

編號	學生在反應表第 32 題所書寫的知覺反應文字
01	老師課上得很好。
02	很好。
07	希望老師上點理論的東西。
09	希望可以從老師身上學到更多的東西。
13	這是一門很活的學問，雖然老師教得很明確，但總覺得不夠，可是礙於時間（上課時間）有些不夠用，所以期待下學期再吸收知識。
22	收獲良多，使我們對人力資源的架構更加了解，並且有機會和實務去做比對，清楚目前服務的工作其優勢和劣勢。

總結性教學知覺評量與評鑑
——以醒吾技術學院為例

附件 23

學生課程學習知覺反應資料統計分析概況表四
（教師用）

授課教師：○○○　　　　　　　　　　　　開課學期：○○學年度第○學期

甲、全部授課課程教學因素的統計量數

課程名稱	系科班級	學生人數／填卷人數	教學因素主要面向											教學因素總合	
			教學內容		教學方法		教學態度		教學評量		師生關係		均數	標準差	
			均數	標準差	均數	標準差	均數	標準差	均數	標準差	均數	標準差			均數	標準差
企業談判與溝通	日四技企二2	30/30	3.86	0.63	4.03	0.67	3.97	0.74	4.07	0.74	3.86	0.73	3.95	0.70
人力資源管理	日五專企三1	40/35	3.76	0.84	3.57	0.84	3.82	0.92	3.91	0.87	3.41	1.03	3.69	0.90
組織行為	日五專企五1	37/28	3.62	0.74	3.73	0.76	3.81	0.72	3.74	0.70	3.63	0.99	3.71	0.78
組織行為	進二專企一1	43/34	3.79	0.73	3.82	0.72	3.85	0.70	3.85	0.66	3.64	0.73	3.79	0.71
組織行為	進二專企一2	47/42	3.80	0.77	3.83	0.82	3.90	0.75	3.95	0.77	3.80	0.84	3.86	0.79
全部授課課程	5	197/169	3.77	0.75	3.79	0.77	3.86	0.77	3.90	0.75	3.66	0.87	3.80	0.78

＊教學因素的主要面向係由反應表的第 1～10 題按其對於教學情境所知覺的屬性歸為五類，即第 1～2 題歸為「教學內容」，第 3～4 題歸為「教學方法」，第 5～6 題歸為「教學態度」，第 7～8 題歸為「教學評量」，第 9～10 題歸為「師生關係」。

乙、全部授課課程學生因素的統計量數

課程名稱	系科班級	學生人數／填卷人數	學生因素主要面向										學生因素總合	
			修前興趣		學習投入								均數	標準差
			均數	標準差	均數	標準差	均數	標準差	均數	標準差	均數	標準差		
企業談判與溝通	日四技企二2	30/30	3.30	0.53	3.40	0.61	-	-	-	-	-	-	3.35	0.57
人力資源管理	日五專企三1	40/35	3.26	0.5	3.37	0.59	-	-	-	-	-	-	3.32	0.62
組織行為	日五專企五1	37/28	3.50	0.78	3.61	0.62	-	-	-	-	-	-	3.56	0.70
組織行為	進二專企一1	43/34	3.47	0.70	3.62	0.77	-	-	-	-	-	-	3.55	0.74
組織行為	進二專企一2	47/42	3.33	0.78	3.52	0.76	-	-	-	-	-	-	3.43	0.77
全部授課課程	5	197/169	3.37	0.70	3.51	0.68	-	-	-	-	-	-	3.44	0.68

＊學生因素的主要面向由反應表的第 11～12 題組成，係學生個人所知覺的學習行為，第 11 題為「修前興趣」，第 12 題為「學習投入」。

丙、任課教師教學因素總合統計量在本系科、本學群及全校任課教師教學因素總合之相對地位

項目名稱	系科統計量	學群統計量	全校統計量
總授課程數	257	819	2064
全部學生人數	10886	34650	88703
總均數	3.86	3.78	3.81
最高均數	4.56	4.56	4.68
最低均數	2.53	2.53	2.53
總標準差	0.99	0.99	0.98
老師個人均數	3.80	3.80	3.80
z score（z 分數）	-0.06	-0.02	-0.01
PR（百分等級）	34.21	41.88	39.12
Ranking（等第）	暫不列入	201/345	353/579

＊ Ranking（等第）：係按總均數值由高至低，依序排成名次。

PR（百分等級）：PR 適用於次序變量上的相對地位量數，係指在 100 個等分裡，不同的分數分別應占第幾等第。其公式為：$PR = 100 - (100R - 50)/N$（其中 R 為等第或名次，N 為人數）。

z score（z 分數）：z 分數為一種最典型的標準分數，它乃是每一個分數與平均數之差除以標準差，亦即表示某一分數是在平均數之上或之下的幾個標準差為單位之處。其公式為：$z = (X-M)/SD$（其中 X 為某一分數，M 為平均數，SD 為標準差）。

附件 24

學生課程學習知覺反應資料統計概況表五
——反應表第 1～12 題的均數值
（限授權之教務暨學術相關人員參用）

系科別：　　　　　教師人數：　　　　　學年／學期：91／2　　　　　編號：

說明：1.本表僅供經授權之教務暨學術相關人員參用。

　　　2.表內大寫之英文字母係代表「教學知覺組合因素」，六組合因素之均數計算如下：

　　　　⑴ A 代表「教學內容」之均數值；即題 1～2 共 2 題均數和之平均數。

　　　　⑵ B 代表「教學方法」之均數值；即題 3～4 共 2 題均數和之平均數。

　　　　⑶ C 代表「教學態度」之均數值；即題 5～6 共 2 題均數和之平均數。

　　　　⑷ D 代表「教學評量」之均數值；即題 7～8 共 2 題均數和之平均數。

　　　　⑸ E 代表「師生關係」之均數值；即題 9～10 共 2 題均數和之平均數。

　　　　⑹ F 代表「學生因素」之均數值；即題 11～12 共 2 題均數和之平均數。

教師相關項目			反應表 1～12 題的知覺核心重點											
授課教師	課程名稱	系班學生	1 內容充實	2 教材份量	3 教法權變	4 講課條理	5 時間控制	6 關注學習	7 評量合理	8 評量多元	9 敬重喜愛	10 願意推荐	11 修前興趣	12 學習投入
○ ○ ○	觀光心理學	日五專觀五1	A.教學內容：　　　B.教學方法：　　　C.教學態度：　　　D.教學評量：　　　E.師生關係：										F.學生因素：	
			教學因素五大面向總均數值：											
													F.學生因素：	
			教學因素五大面向總均數值：											
			A.教學內容：　　　B.教學方法：　　　C.教學態度：　　　D.教學評量：　　　E.師生關係：										F.學生因素：	
			教學因素五大面向總均數值：											
			A.教學內容：　　　B.教學方法：　　　C.教學態度：　　　D.教學評量：　　　E.師生關係：										F.學生因素：	
			教學因素五大面向總均數值：											
			A.教學內容：　　　B.教學方法：　　　C.教學態度：　　　D.教學評量：　　　E.師生關係：										F.學生因素：	
			教學因素五大面向總均數值：											

學生課程學習知覺反應資料統計概況表六
──反應表第 13 題上的學生文字反應
（限授權之教務暨學術相關人員參用）

系科別：　　　　　教師人數：　　　　　　學年／學期：94 ／ 2　　　　　編號：

說明：本表僅供經授權之教務暨學術相關人員參用。

授課教師	課程名稱	系班學生	反應表第 13 題學生的文字反應
○○○	觀光心理學	日五專觀五 1	04.cc cc cc cc cc cc cc cc cc cc cc cc cc 32.cc cc cc cc cc cc cc cc cc cc cc cc cc cc cc cc cc
○○○			
○○○			
○○○			
○○○			

總結性教學知覺評量與評鑑
——以醒吾技術學院為例

附件 26

學生課程學習知覺反應資料統計概況表七
——教學因素五大面向總均數值 3.90 以上教師名錄
（限經授權之教務暨學術相關人員參用）

編號：

學年／學期：94 ／ 2
系科別：　　　　　　教師人數：

說明：本表僅供經授權之教務暨學術相關人員參用。

授課教師	課程名稱	系班學生	教學因素五大面向總均數值（由高至低排序）	學生因素總均數值	修前興趣（第11題）均數	學習投入（第12題）均數	備註
○○○	觀光心理學	日五專觀五 1					
○○○							
○○○							
○○○							
○○○							
○○○							
○○○							
○○○							
○○○							
○○○							
○○○							

學生課程學習知覺反應資料統計概況表八
——教學因素五大面向總均數值 2.98 以下教師名錄
（限經授權之教務暨學術相關人員參用）

編號：

學年／學期：94 ／ 2

系科別：　　　　　　教師人數：

說明：本表僅供經授權之教務暨學術相關人員參用。

授課教師	課程名稱	系班學生	教學因素五大面向總均數值（由高至低排序）	學生因素總均數值	修前興趣（第11題）均數	學習投入（第12題）均數	備註
○○○	觀光心理學	日五專觀五1					
○○○							
○○○							
○○○							
○○○							
○○○							
○○○							
○○○							
○○○							
○○○							
○○○							

附件 28

學生課程學習知覺反應資料統計概況表九
——全校、各部、學制學生回饋教學因素學知反應統計量數總覽

學年度學期別	96 學年度第一學期
學生作答總人次	88689
學生作答總班（課程）數	2064
教師教導因素 M/SD	3.81/0.98
學生學習因素 M/SD	3.60/0.88

全校

部別	日間部
學生人次	45447
學生作答總班（課程）數	1036
教師教導因素 M/SD	3.77/1.00
學生學習因素 M/SD	3.54/0.88

各部

各學制

學制別	二技	四技	五專	研究所	日間部合計	全校總計
學生人次	568	26438	18376	65		
學生作答總班（課程）數	17	543	468	8		
教師教導因素 M/SD	3.74/0.96	3.78/0.96	3.68/1.07	4.09/0.81	3.79/0.96	3.84/0.95
學生學習因素 M/SD	3.61/0.89	3.52/0.84	3.47/0.92	3.92/0.86		
01 內容充實	3.77/0.96	3.81/0.93	3.73/1.02	4.15/0.68	3.79/0.96	3.84/0.95
02 教材適合	3.72/0.90	3.79/0.90	3.70/1.00	3.98/0.71	3.76/0.94	3.81/0.93
03 教法權變	3.70/0.98	3.75/0.94	3.66/1.06	4.18/0.65	3.72/0.98	3.78/0.97
04 講課條理	3.69/0.97	3.74/0.96	3.65/1.06	4.17/0.71	3.71/0.99	3.77/0.98
05 時間控制	3.87/0.85	3.92/0.91	3.86/0.98	4.03/0.89	3.90/0.93	3.94/0.92
06 關注學習	3.70/0.97	3.74/0.99	3.64/1.10	3.94/1.09	3.71/1.03	3.77/1.01
07 評量合理	3.81/0.93	3.81/0.96	3.74/1.05	4.06/0.87	3.79/0.99	3.84/0.97
08 評量多元	3.81/0.87	3.78/0.95	3.65/1.07	4.12/0.73	3.74/0.99	3.80/0.97
09 敬重喜愛	3.71/0.99	3.69/1.08	3.58/1.18	4.14/0.84	3.66/1.11	3.73/1.08
10 願意推薦	3.63/1.09	3.75/1.01	3.60/1.15	4.14/0.76	3.70/1.06	3.75/1.05
11 課前興趣	3.74/0.89	3.59/0.85	3.58/0.93	3.98/0.89	3.59/0.88	3.65/0.88
12 專注投入	3.48/0.86	3.45/0.83	3.36/0.91	3.85/0.83	3.42/0.86	3.50/0.87

（01～10 為教導子因素；11～12 為學習子因素）

附件 29

學生課程學習知覺反應資料統計概況表十
—各學群、系科學生回饋教學因素學習因素統計量數總覽

學年度學期別	96 學年度第一學期				
學群別（學習知能領域）	商管學群				
全學群 學生總人次	34648				
總班（課程）數	819				
教導因素 M/SD	3.80/0.98				
學習因素 M/SD	3.59/0.87				
各系科 系科別	會資系				
學生人次	5366				
總班（課程）數	137				
教導因素 M/SD	3.66/1.02				
學習因素 M/SD	3.51/0.89				

各部別	日間	夜間	進修	會資系合計	商管學群總計
學生人次	3843	1157	366		
總班（課程）數	89	34	14		
教導因素 M/SD	3.55/1.05	3.55/1.05	3.55/1.05		
學習因素 M/SD	3.41/0.88	3.68/0.89	3.90/0.79		
教導因素 01 內容充實	3.60/1.02	3.85/0.88	4.13/0.77	3.70/0.98	3.84/0.94
02 教材適合	3.60/0.95	3.83/0.89	4.13/0.76	3.69/0.94	3.81/0.92
03 教法權變	3.53/1.02	3.80/0.94	4.12/0.78	3.64/1.00	3.79/0.97
04 講課條理	3.49/1.04	3.76/0.96	4.10/0.77	3.60/1.02	3.77/0.98
05 時間控制	3.73/0.99	3.92/0.84	4.21/0.69	3.81/0.95	3.95/0.91
06 關注學習	3.48/1.12	3.78/0.96	4.12/0.73	3.60/1.08	3.79/0.99
07 評量合理	3.61/1.03	3.86/0.90	4.12/0.77	3.71/1.00	3.86/0.96
08 評量多元	3.50/1.03	3.82/0.92	4.09/0.77	3.61/1.01	3.81/0.97
09 敬重喜愛	3.46/1.15	3.80/0.96	4.18/0.73	3.59/1.10	3.75/1.07
學習因素 10 顧意推薦	3.52/1.09	3.77/0.98	4.06/0.82	3.62/1.06	3.75/1.05
11 課前興趣	3.49/0.90	3.77/0.89	3.93/0.79	3.59/0.90	3.68/0.88
12 專注投入	3.32/0.86	3.59/0.88	3.87/0.79	3.43/0.87	3.51/0.87

081

附件 30

趙老師來函

寄件者："趙○○" <4225@mail.hwc.edu.tw>
收件者："教品組" <2046@mail.hwc.edu.tw>
收件日期：12/15/2003 02:16 下午
主旨：Re: [teachers] 教務處教品組函 92.12.08

呂組長您好：
對於教師填寫「平常教學效果自我評估主要問題」，建議是否可以採用量表的方式，填寫省時且回答也較明確。謝謝！敬祝
教安
資管科講師 趙○○ 敬啟 92.12.15
-----Original Message-----

From: 教品組 <2046@mail.hwc.edu.tw>
To: "teachers List Member" <4225@mail.hwc.edu.tw>
Date: Mon, 8 Dec 2003 15:59:05 +0800
Subject: [teachers] 教務處教品組函 92.12.08

親愛的老師們：

　　這學期上課的日子，只剩下最後一個多月了。於此時機，本組要向各位任課老師辛勤的教學表達崇高的敬意，同時對每一位任課老師或直接或間接所給予的支持或指教表達衷心的謝意。

　　教品組自本（92）學年度設置迄今已四個月多了，本應及早向各位任課老師報導教品組工作訊息，提供各位任課老師若干教學諮詢服務；惟因本組初設，百事待舉，自認服務多有欠周之處，懇祈寬宥為感。

茲有以下二事，敬祈 老師們惠予配合：

一、隨函附上「平常教學效果自我評估主要問題」表乙份（請參閱附件一），本表大致涵蓋教學效能重要元素，藉供貴師平日教學自行參酌，俾資裨益教學。

二、隨函附上「期中課程學習知覺反應表」表乙份（請參閱附件二），本表係擬作日後期中學生回饋學習知覺之參考用，敬請任課老師詳閱，如有指教及意見，煩請逕行填寫於「期

082

中學知表意見單（教師用）」（請參閱附件三）內，並請於本（12）月 14 日前，逕寄電子郵件信箱：2046@mail.hwc.edu.tw

耑此，順頌
教祺

教品組組長○○○　敬啟（92.12.08）
（附註：其他指教及聯繫事宜，請逕電 26015310 ext.209）

附件一、平常教學效果自我評估主要問題

平常教學效果自我評估主要問題
（教師用 92.12.08）

1. 我讓學生確實了解本學科目標了嗎？
2. 我讓學生確實了解本學科價值了嗎？
3. 我讓學生確實了解本單元目標了嗎？
4. 我是否藉測驗了解學生學習本學科有何樣的學習基礎？
5. 我是否按照學生程度來安排教導及學習？
6. 我是否設法帶動學生學習意願以進行教學？
7. 我是否與學生相互約好信守共同規定事項？
8. 教學前，我是否將我要教的及學生要學的，作妥善地準備？
9. 每堂課，我教的教材，份量是否適度？
10. 每堂課，我教的教材，難度是否得宜？
11. 每堂課，我安排的教學，是否可以有效配合單元目標？
12. 我是否經常以有效的造形、聲音、色彩等不同形式來呈現教材？
13. 上課時，我的聲調、表情、動作是否有效傳達、詮釋、感應？
14. 上課時，我的教導是否視學生學習狀況而適時調整改變教法？
15. 上課時，我是否經常舉例論證，引導學生正確思考？
16. 上課時，我是否經常舉生活實例，使學生有效了解記憶？
17. 上課時，我是否經常善用教學媒體，使學生有效了解記憶？
18. 我是否會鼓勵學生安心發表？
19. 我是否會引導學生討論報告？
20. 我是否會適時提供學生發問機會？
21. 我是否會心平氣和懇切對待學生？
22. 我出的試題是否能反映教學的重點內容？

23.我出的試題是否能有效區分學生學習結果的品質？
24.我評量分數是否能公正合理？
25.我安排的教學能讓學生有學習滿足感嗎？
26.我安排的教學能讓學生主動用功投入嗎？
27.學生在我安排的教學中會凝神專注保持良好學習行為嗎？

附件二、期中課程學習知覺反應表

醒吾技術學院 92 學年度第一學期
期中課程學習知覺反應表
（研擬本 92.11.24）
課程名稱：_____ 授課老師：_____
填卷日期：民國 92 年_____月_____日
填卷學生：_____ 系科年班：_____ 學號：_____
填答說明：1.請依據你認知到的情況來衡量每題與你的知覺相符的程度，然後在下面第 1～15
題的適當方格「□」內註記勾號「ˇ」。
　　　　　2.在第 16 題的空白處，寫下自己的觀感，如無觀感，可以免填。

	很符合	符合	一半一半	不相符	很不相符	無法決定
1.我可以說出學這門課要在知識、技能和行為態度上達到的目標。…	□	□	□	□	□	□
2.我可以說出這門課要學習哪些重要方面的內容。………………	□	□	□	□	□	□
3.在修課前，我對本課程的內容大致已有些初略的認識。………	□	□	□	□	□	□
4.本課的開始階段，相當側重學習本課程所須具備的基礎知能。…	□	□	□	□	□	□
5.到目前為止，我對老師所教的內容能充分了解。……………	□	□	□	□	□	□
6.到目前為止，老師上課的講解，我覺得可以容易理解。……	□	□	□	□	□	□
7.我覺得本課程所用教材的難度，適合我的程度。……………	□	□	□	□	□	□
8.我覺得老師上課的進度，適合我的程度。……………………	□	□	□	□	□	□
9.我對本課程上課所進行的學習活動，都會專心熱誠主動投入。…	□	□	□	□	□	□
10.我覺得和本課老師溝通輕鬆容易。…………………………	□	□	□	□	□	□
11.我覺得老師在上課時會歡迎同學發問。……………………	□	□	□	□	□	□
12.我覺得老師對於學生的問題會給予適當的指導與建議。……	□	□	□	□	□	□
13.我了解老師開列的平常作業和評分方式。…………………	□	□	□	□	□	□
14.我覺得期中考試題，都是老師教過或交代要自行學習的教材。…	□	□	□	□	□	□

15.我覺得老師在批改作業及閱卷評分上會儘量做到客觀公正的地步。 □ □ □ □ □ □

16.對老師的教導和我自己的學習，我想要說的話是：

_____

_____

_____

附件三、期中學知表意見單（教師用）

期中課程學習知覺反應表意見單（教師用）

說明：提供卓見時，先請指明意見之對象，然後，臚列您的卓見內容（如：第○題的文字「○○○○」宜改為「○○○○」）。

意見：

_____

_____

_____

附件 31

期初學習知覺回饋表
（學生用研擬本 93.03.08）

課程名稱：＿＿＿＿＿＿授課老師：＿＿＿＿＿＿填卷日期：民國＿＿年＿＿月＿＿日

填答說明：請依據你認知到的情況來衡量每題與你的知覺相符的程度，然後在下面第 1～25
題後的適當方格「□」內註記勾號「∨」；在第 26 題的空白處，寫下自己的觀
感，如無觀感，可以免填。

	很符合	符合	一半一半	不相符	很不相符	無法決定
1.頭幾堂課上完後，我明白這門課程要在知識、技能和行為上獲得的主要目標。	□	□	□	□	□	□
2.我清楚知道學好了本課程會帶給我的價值和意義。	□	□	□	□	□	□
3.我清楚知道頭幾堂課單元目標的主要內涵。	□	□	□	□	□	□
4.在剛上本課時，我已具備了修習本課所必須具備的基礎知能。	□	□	□	□	□	□
5.我感到老師上課教的內容及教法，適合全班同學學習。	□	□	□	□	□	□
6.每逢老師的課到來，我都相當熱切期待著上他教的課。	□	□	□	□	□	□
7.學期之初，老師就曾與我們約定好一些共同信守的事項，而且認真執行。	□	□	□	□	□	□
8.我感到老師將他要教的及我們學生要學的，作了妥善準備。	□	□	□	□	□	□
9.對我而言，老師每堂課所教的教材，份量上是適合我的。	□	□	□	□	□	□
10.對我而言，每堂課我所學的材料，難度上是適合我的。	□	□	□	□	□	□
11.對我而言，每堂課的單元目標，都相當有效地進行學習。	□	□	□	□	□	□
12.對我而言，老師呈現教材的方式是適合而且有效的。	□	□	□	□	□	□
13.對我而言，老師上課的聲調、表情、動作都是適合而且有效的。	□	□	□	□	□	□
14.我感到老師會注意到學生的學習狀況而適時調整教材或改變教法。	□	□	□	□	□	□
15.我感到老師的舉例論證，有效引導了我如何地正確思考。	□	□	□	□	□	□
16.我感到老師上課時適時舉出實例，使我能有效連絡經驗。	□	□	□	□	□	□
17.我感到老師上課時適度運用教科書、板書或其他教學媒體，使我有效了解記憶。	□	□	□	□	□	□
18.我感到老師會適當發問並鼓勵學生安心發表。	□	□	□	□	□	□

19.我感到老師會適當引導學生討論與發表。……………… □ □ □ □ □ □
20.我感到老師會適時提供學生發問的機會。……………… □ □ □ □ □ □
21.我感到老師會心平氣和，語氣懇切地對待學生。……………… □ □ □ □ □ □
22.我感到老師會適時提問並引導我們展開討論。……………… □ □ □ □ □ □
23.我感到在老師的教學安排下，能讓我有著學習的收穫感。………… □ □ □ □ □ □
24.我感到在老師的教學安排下，我總是抱持積極投入的心態從事學習
   活動。……………………………………………………………… □ □ □ □ □ □
25.我感到在老師的教學安排下，我總是保持著良好的學習行為。…… □ □ □ □ □ □
26.老師，我想讓您知道（請書寫文字，如無，可免填）：

_____

_____

_____

附件 32

期初教課效能自評表

（教師用 93.03.08）

課程名稱：＿＿＿＿＿＿＿授課系科年班：＿＿＿＿＿＿填卷日期：民國＿＿＿年＿＿月＿＿日

> 說明：本檢核表旨在輔助任課教師於學期之初自行檢視自己的教課效能，並將本檢核表結果與學生「期初學知回饋表」相對照，藉以了解本課於期初階段的教與學概況，俾供調整教學之參考。填表時，請在每題陳述後之五點量尺上，依據您在教課過程中所感知的實際情況，於適當點數前的方格"□"內註記勾"∨"號，如"☑"。如無法勾選或有不明之處，請逕電（02）2601-5310 ext.1209 告知○○○。

1. 期初頭幾堂課教完後，學生知曉本學科學習目標的程度是：……模糊不清 □①□②□③□④□⑤清楚了解
2. 學生對學習本學科的價值或意義，知曉的程度是：…………模糊不清 □①□②□③□④□⑤清楚了解
3. 學生對頭幾堂課的單元目標，知曉的程度是：……………模糊不清 □①□②□③□④□⑤清楚了解
4. 學生學本學科的學力基礎，具備的程度是：…………………非常缺乏 □①□②□③□④□⑤非常充分
5. 按照學生平均的程度和差異的程度來安排教導及學習：………未能顧及 □①□②□③□④□⑤充分顧及
6. 帶動學生學習意願，激發學習行為的程度是：………………未曾激勵 □①□②□③□④□⑤充分激勵
7. 與學生互約信守共同議定事項的程度是：……………………未曾施行 □①□②□③□④□⑤充分施行
8. 教學前，將要教的及學生要學的，作妥善準備的程度是：……未曾準備 □①□②□③□④□⑤充分準備
9. 每堂課所教的教材，份量適度的程度是：……………………很不適度 □①□②□③□④□⑤合宜適度
10. 每堂課所教的教材，難度得宜的程度是：……………………很不適度 □①□②□③□④□⑤合宜適度
11. 每堂課的教與學，有效配合單元目標的程度是：……………很不適度 □①□②□③□④□⑤合宜適度
12. 運用不同形式的造形、聲音、色彩等來呈現教材的程度是：……很不適度 □①□②□③□④□⑤合宜適度
13. 運用聲調、表情、動作有效傳達、詮釋、示範的程度是：……很不適度 □①□②□③□④□⑤合宜適度
14. 視學生學習狀況而適時調整改變教法的程度是：……………未能顧及 □①□②□③□④□⑤充分顧及
15. 舉例論證，引導學生正確思考的程度是：……………………未曾有過 □①□②□③□④□⑤充分實施
16. 舉出生活實例，使學生有效了解記憶的程度是：……………未曾有過 □①□②□③□④□⑤充分實施
17. 善用教學媒體，使學生有效了解記憶的程度是：……………未曾有過 □①□②□③□④□⑤充分實施
18. 鼓勵學生安心發表的程度是：…………………………………很不適度 □①□②□③□④□⑤合宜適度
19. 引導學生討論發表的程度是：…………………………………很不適度 □①□②□③□④□⑤合宜適度
20. 適時提供學生發問機會的程度是：……………………………很不適度 □①□②□③□④□⑤合宜適度
21. 心平氣和懇切對待學生的程度是：……………………………很不適度 □①□②□③□④□⑤合宜適度
22. 發問討論的議題反映教學重點內容的程度是：………………很不適度 □①□②□③□④□⑤合宜適度
23. 教學安排能讓學生獲得學習滿足感的程度是：………………很不適度 □①□②□③□④□⑤合宜適度
24. 教學安排能讓學生主動用功投入的程度是：…………………很不適度 □①□②□③□④□⑤合宜適度
25. 教學安排能讓學生凝神專注保持良好學習行為的程度是：……很不適度 □①□②□③□④□⑤合宜適度

期中學習知覺回饋表

（學生用研擬本 92.11.24）

課程名稱：＿＿＿＿＿＿＿授課老師：＿＿＿＿＿＿＿填卷日期：民國＿＿年＿＿月＿＿日
系科年班：＿＿＿＿＿＿

填答說明：1.請依據你認知到的情況來衡量每題與你的知覺相符的程度，然後在下面第 1～15
題 的適當方格「□」內註記勾號「∨」。

2.在第 16 題的空白處，寫下自己的觀感，如無觀感，可以免填。

	很符合	符合	一半一半	不相符	很不相符	無法決定
1.我可以說出學這門課要在知識、技能和行為態度上達到的目標。…	□	□	□	□	□	□
2.我可以說出這門課要學習哪些重要方面的內容。…………………	□	□	□	□	□	□
3.在上完課後，我對上課的內容大致上已有了基本的認識。…………	□	□	□	□	□	□
4.本課的開始階段，相當側重學習本課程所須具備的基礎知能。……	□	□	□	□	□	□
5.到目前為止，我對老師所教的內容能充分了解。…………………	□	□	□	□	□	□
6.到目前為止，老師上課的講解，我覺得可以容易理解。…………	□	□	□	□	□	□
7.我覺得本課程所用教材的難度，適合我的程度。…………………	□	□	□	□	□	□
8.我覺得老師上課的進度，適合我的程度。…………………………	□	□	□	□	□	□
9.我對本課程上課所進行的學習活動，都會專心熱誠主動投入。…	□	□	□	□	□	□
10.我覺得和本課老師溝通輕鬆容易。…………………………………	□	□	□	□	□	□
11.我覺得老師在上課時會歡迎同學發問。……………………………	□	□	□	□	□	□
12.我覺得老師對於學生的問題會給予適當的指導與建議。…………	□	□	□	□	□	□
13.我了解老師開列的平常作業和評分方式。…………………………	□	□	□	□	□	□
14.我覺得期中考試題，都是老師教過或交代要自行學習的教材。…	□	□	□	□	□	□
15.我覺得老師在批改作業及閱卷評分上會儘量做到客觀公正的地步。	□	□	□	□	□	□

16.對老師的教導和我自己的學習，我想要說的話是：

＿＿

＿＿

＿＿

附件 34

期中教課效能自評表

（教師用試用本 92.11.24）

自評教師：＿＿＿＿＿＿＿＿＿＿ 課程名稱：＿＿＿＿＿＿＿ 系科年班：＿＿＿＿＿＿＿

評定日期：民國＿＿年＿＿月＿＿日

填答說明：1.請依據你知覺到的情況來衡量每題與你的知覺相符的程度，然後在下面第 1～15 題的適當方格「□」內註記勾號「∨」。

2.在第 16 題的空白處，寫下對自己和學生想說的話，如無話想說，可以免填。

	很符合	符合	一半一半	不相符	很不相符	無法決定
1.學生可說出學這門課要在知識、技能和行為態度上達到的目標。…	□	□	□	□	□	□
2.學生可說出這門課要學習哪些重要方面的內容。……………	□	□	□	□	□	□
3.學生上完課後，對上課的內容有了基本的認識。…………	□	□	□	□	□	□
4.本課的開始階段，相當側重學習本課程所須具備的基礎知能。……	□	□	□	□	□	□
5.到目前為止，學生對我所教的內容能充分了解。…………	□	□	□	□	□	□
6.到目前為止，上課時我的講解，學生可以容易理解。……	□	□	□	□	□	□
7.本課程所用教材的難度，我覺得可適合學生的程度。………	□	□	□	□	□	□
8.在教課的進度上，是適合學生的程度。……………………	□	□	□	□	□	□
9.學生對本課程上課所進行的學習活動，都能專心熱誠主動投入。…	□	□	□	□	□	□
10.學生和我能夠輕鬆容易地溝通。…………………………	□	□	□	□	□	□
11.我會在上課時歡迎同學發問。……………………………	□	□	□	□	□	□
12.對於學生的問題我會給予適當的指導與建議。…………	□	□	□	□	□	□
13.學生了解我所開列的平常作業和評分方式。……………	□	□	□	□	□	□
14.期中考試題都是我教過的或是交代學生要自行學習的教材。………	□	□	□	□	□	□
15.在批改作業及閱卷評分上，我會盡量做到客觀公正的地步。………	□	□	□	□	□	□

16.對於我的教導和學生的學習，我想對自己和學生說的話是：

＿＿＿＿＿＿＿＿＿＿＿＿＿＿＿＿＿＿＿＿＿＿＿＿＿＿＿＿＿＿＿＿＿＿＿＿＿＿

＿＿＿＿＿＿＿＿＿＿＿＿＿＿＿＿＿＿＿＿＿＿＿＿＿＿＿＿＿＿＿＿＿＿＿＿＿＿

＿＿＿＿＿＿＿＿＿＿＿＿＿＿＿＿＿＿＿＿＿＿＿＿＿＿＿＿＿＿＿＿＿＿＿＿＿＿

學生上課行為自我檢核表

（93.09.28 研擬本）

學生姓名（可免填）：＿＿＿＿＿＿＿＿＿學號（可免填）：＿＿＿＿＿＿＿＿＿性別：□男 □女

系科：＿＿＿＿＿＿＿課程名稱：＿＿＿＿＿＿＿

說明	1.本檢核表旨在協助你清晰地覺察及知曉自己的課堂行為，自我診斷出哪些不適行為的所在及程度，俾能自覺地調整好那些出了狀況的行為，進而促進自我成長及改進班級內的學習環境。 2.作答時，請逐題仔細閱讀，並依據你自己的實際情況，在適合的方格 "□" 內註記勾號 "∨"。

一、從本學期開學以來，上本門課時，你曾有過如下的行為嗎？作答時請從 1～10 代表的機率程度（如右所示：1=從未 0%、2 =偶而 1～10%、3=11～20%、4=21～35%、5=36～50%、6=51～65%、7=66～80%、8=81～90%、9=91～99%、10=總是 100%），在每題後的適合方格 "□" 內註記勾號 "∨"。

1.遲到⋯⋯⋯⋯⋯⋯⋯⋯⋯⋯⋯⋯⋯⋯⋯⋯⋯ 1□ 2□ 3□ 4□ 5□ 6□ 7□ 8□ 9□10□

2.蹺課⋯⋯⋯⋯⋯⋯⋯⋯⋯⋯⋯⋯⋯⋯⋯⋯⋯ 1□ 2□ 3□ 4□ 5□ 6□ 7□ 8□ 9□10□

3.上廁所⋯⋯⋯⋯⋯⋯⋯⋯⋯⋯⋯⋯⋯⋯⋯⋯ 1□ 2□ 3□ 4□ 5□ 6□ 7□ 8□ 9□10□

4.接聽行動電話（手機）⋯⋯⋯⋯⋯⋯⋯⋯⋯ 1□ 2□ 3□ 4□ 5□ 6□ 7□ 8□ 9□10□

5.照鏡子⋯⋯⋯⋯⋯⋯⋯⋯⋯⋯⋯⋯⋯⋯⋯⋯ 1□ 2□ 3□ 4□ 5□ 6□ 7□ 8□ 9□10□

6. 梳頭髮⋯⋯⋯⋯⋯⋯⋯⋯⋯⋯⋯⋯⋯⋯⋯⋯ 1□ 2□ 3□ 4□ 5□ 6□ 7□ 8□ 9□10□

7. 擦口紅⋯⋯⋯⋯⋯⋯⋯⋯⋯⋯⋯⋯⋯⋯⋯⋯ 1□ 2□ 3□ 4□ 5□ 6□ 7□ 8□ 9□10□

8. 翹著二郎腿或抖動小腿⋯⋯⋯⋯⋯⋯⋯⋯⋯ 1□ 2□ 3□ 4□ 5□ 6□ 7□ 8□ 9□10□

9. 側著身或歪斜著身體⋯⋯⋯⋯⋯⋯⋯⋯⋯⋯ 1□ 2□ 3□ 4□ 5□ 6□ 7□ 8□ 9□10□

10.手扶著腮（面頰），手肘倚撐著桌面⋯⋯⋯ 1□ 2□ 3□ 4□ 5□ 6□ 7□ 8□ 9□10□

11.穿著及打扮不適合上課之服裝和儀容⋯⋯⋯ 1□ 2□ 3□ 4□ 5□ 6□ 7□ 8□ 9□10□

12.藉故要求外出（如：去上廁所、打電話、抽香菸）⋯⋯ 1□ 2□ 3□ 4□ 5□ 6□ 7□ 8□ 9□10□

13.嚼食（如：吃點心、嚼口香糖）⋯⋯⋯⋯⋯ 1□ 2□ 3□ 4□ 5□ 6□ 7□ 8□ 9□10□

14.跟鄰座或附近同學談話⋯⋯⋯⋯⋯⋯⋯⋯⋯ 1□ 2□ 3□ 4□ 5□ 6□ 7□ 8□ 9□10□

15.看本課以外其他方面的書⋯⋯⋯⋯⋯⋯⋯⋯ 1□ 2□ 3□ 4□ 5□ 6□ 7□ 8□ 9□10□

16.心思總是被某個人或事攪和纏住，無法定下心上課 1□ 2□ 3□ 4□ 5□ 6□ 7□ 8□ 9□10□

17.感到空洞，心思雜亂，東想西想，無法安下心上課 1□ 2□ 3□ 4□ 5□ 6□ 7□ 8□ 9□10□

18.對於上課場地以外的任何動靜很敏感，注意力不易維持專一 1□ 2□ 3□ 4□ 5□ 6□ 7□ 8□ 9□10□

19.發出特殊聲響或異味⋯⋯⋯⋯⋯⋯⋯⋯⋯⋯ 1□ 2□ 3□ 4□ 5□ 6□ 7□ 8□ 9□10□

20.打盹或睡覺⋯⋯⋯⋯⋯⋯⋯⋯⋯⋯⋯⋯⋯⋯ 1□ 2□ 3□ 4□ 5□ 6□ 7□ 8□ 9□10□

21.下課鐘聲一響，不等老師交代下課，就逕自起身離去 1□ 2□ 3□ 4□ 5□ 6□ 7□ 8□ 9□10□

*22.老師講課時，我會筆記要點⋯⋯⋯⋯⋯⋯⋯ 1□ 2□ 3□ 4□ 5□ 6□ 7□ 8□ 9□10□

*23.老師講課時，我會劃記重要符號⋯⋯⋯⋯⋯⋯⋯ 1□ 2□ 3□ 4□ 5□ 6□ 7□ 8□ 9□ 10□
*24.老師講課時，遇到我不清楚的地方，我會向老師發問請教⋯ 1□ 2□ 3□ 4□ 5□ 6□ 7□ 8□ 9□ 10□
*25.下課時，我會善用下課時間，並在上課鐘響前回到教室座位 1□ 2□ 3□ 4□ 5□ 6□ 7□ 8□ 9□ 10□
*26.對上本堂課我會有著相當熱切地期待⋯⋯⋯⋯⋯⋯ 1□ 2□ 3□ 4□ 5□ 6□ 7□ 8□ 9□ 10□
*27.上課鐘響後，我立即會坐好（或於適當地點）靜待老師到來 1□ 2□ 3□ 4□ 5□ 6□ 7□ 8□ 9□ 10□
*28.在老師到來前我就將上課需要的東西放置（準備）好⋯⋯ 1□ 2□ 3□ 4□ 5□ 6□ 7□ 8□ 9□ 10□
*29.我會提醒值日生或自動清理黑板、講壇、桌椅，準備粉筆⋯ 1□ 2□ 3□ 4□ 5□ 6□ 7□ 8□ 9□ 10□
*30.上課時，若有同學干擾學習，我會設法制止⋯⋯⋯⋯ 1□ 2□ 3□ 4□ 5□ 6□ 7□ 8□ 9□ 10□
　31.開學之初老師指定的教科書，我未買也未借用⋯⋯⋯ 1□ 2□ 3□ 4□ 5□ 6□ 7□ 8□ 9□ 10□

二、關於以上的行為或其他有關的行為，你想補充說的一些話（請用文字書寫在下方空白列中，如無，即請免填。）是：

_____

_____

_____

教師教學資料袋簡介

一、建立依據：本教學資料袋係依據 94 學年度第二學期本校教學評鑑研究發展策進委員會會議之決議辦理。

二、資料袋內容及目的：本教學資料袋內含多項教學評量工具以及相關文件等，提供教師於期初、期中自行酌情施測運用，期能及早了解學生的教學知覺並主動溝通教學意見，調整教學方式，提昇教學效果。

三、運用方式

工具名稱	使用時機	施測者	受測者	備註
A1.期初學知回饋表	期初 3～6 週	任課教師	上課學生	隨堂抽 10 分鐘施測
A2.期初教課效能自評表	期初 3～6 週	任課教師	任課教師	教師自評
B1.期中學知回饋表	期中 7～10 週	任課教師	上課學生	隨堂抽 10 分鐘施測可與期中考一併實施
B2.期中教課效能自評表	期中 7～10 週	任課教師	任課教師	教師自評
C1.期末學知反應表（完整版）	期末 13～16 週（進修暨夜間部 11～12 週）		上課學生	由教務單位安排施調作業
C2.期末學知反應表（濃縮版）	期末 13～16 週（進修暨夜間部 11～12 週）		上課學生	由教務單位安排施調作業
D. 學生上課行為自我檢核表	期初中末目的不同	任課教師	上課學生	建立課堂倫理用
E. 學知調查的主題和學生受調的心態	施測之前及施測中			教師及施測者於施測時之注意事項

四、回收資料的處理、分析與運用之建議

工具名稱	資料處理	統計分析	結果運用
A1.期初學知回饋表	1.可使用 SPSS*套裝軟體。 2.由學生 1 名鍵入基本資料。 3.可向教評組諮詢如何處理。	1.全班學生在各題上的均數、標準差。 2.視需要作男女生比較（t 值考驗）。 3.可向教評組諮詢如何處理。	1.逐題檢視均數值之起落高低。 2.用色筆標出均值高中低三段的題目。 3.與自評結果比較。 4.與學生交流討論並約定調整行動。
A2.期初教課效能自評表			
B1.期中學知回饋表	同前 A1	同前 A1	同前 A1 & A2
B2.期中教課效能自評表			
C1.期末學知反應表（完整版）	教師視需要自行施測後，參照 A1 處理		
C2.期末學知反應表（濃縮版）	教師於寒暑假中或期初進學校網站查看前學期學知概況表（三）。		
D 學生上課行為自我檢核表	同前 A1	同前 A1	同前 A1&A2

五、諮詢服務

服務人員	電話	E-MAIL	時間
○○○	2601-5310 Ex.1204	091046@mail.hwc.edu.tw	同上班時間
○○○	2601-5310 Ex.1205	080025@mail.hwc.edu.tw	同上班時間
○○○	2601-5310 Ex.1209	091010@mail.hwc.edu.tw	同上班時間

附件 37

致函老師們分享四點教學理念

敬愛的老師們：

　　時間分秒不歇地飛馳過去，開學迄今已匆匆邁入第四週，而今寒露節氣來臨，氣溫日趨下降，乍暖乍寒，是極易罹患感冒和慢性疾病的時節；為此，謹請老師們留意天候，保重身體健康。

　　茲有以下四點教學理念，殷盼與老師們分享！

一、學生的低學習知覺 → 消極的學習行為 → 低學習成果

　　老師們在整個學期的教學過程上，能及早有效掌握學生的「教導與學習知覺」（簡稱：「學知」或「學習知覺」），俾便老師及早知道有多少比例的學生，在某些教學要素上是低度知覺的。或許有這種低度知覺狀況的只是少部分學生，他們可能因一些非理性的因素（如不良情緒、低自我概念、歸因偏誤等）而左右著課程學習的知覺判斷，譬如：學生在學習動機匱乏、缺乏成就感、挫折感等的情緒狀態下，又在乏人予以輔導、紓壓、補救措施等的情況下，他們很可能會出現消極的上課行為。基本上，他們的學習知覺應該是不清楚的，不過由於低成就感、歸因偏頗等因素，他們較不傾向有較好的學習知覺反應。他們很自然地提不起興趣，也形同放棄對自己的學習期待與責任；最後，在考試壓力下，他們方才被動的讀點書。

二、正確及時掌握及因應學生的學習知覺 → 有效的學習行為 → 高學習成果

　　身為任課教師，基於教學的原理，需要認識：「學生的學習知覺會顯著地影響學生的學習投入與學習成果」。因此，老師非常有必要深入了解學生的學習知覺，並及早與學生交流，讓他們知道這門課的性質、意義與價值、要學習得到的職能、如何學習等觀念。也了解他們的能力、焦慮、期待、願望，給予適切的指導、鼓勵與支持。

三、師生充分溝通彼此的學習知覺 → 有效的學習行為 → 高學習成果

　　當然，我們老師可能也會有一些盲點，趁著與學生坦誠交流的機會，讓學生從您的熱誠與接納態度上，而能將他們真正的期待與知覺得以向您坦露。因而，您也確切了解他們那些過去您所不了解的部分，讓他們曉得某些過度的期待或要求是不實際的或不合理的，也讓他們了解什麼是適當的期待。

四、【敏銳的觀察力＋同理心＋傾聽＋激勵 ＋期初與期中的學習知覺調查】→
掌握學生真實的學習知覺反應 → 有效教學 → 高教學效能

　　老師在平常的教學中，固然要能敏銳地觀察到學生的表情、眼神、肢體行為，運用高度同理心，藉著提問、小測驗等方式，來了解學生的學習知覺到什麼程度。不過，我們老師很難在有限的上課時間裡，確實掌握每一位學生內心的知覺。下了課之後，絕大多數的學生都不會主動找老師請益或討論教學的。因此，一般老師對學生學知狀態的想像或了解，經常是處在一種「自以為是」的狀態，其實常是與學生實際的學知狀態有著相當大的落差；若再加上疏於及早因應處理，以致在期末總結性教學知覺評量時，學生平時負面的知覺累積到某個程度時，自然也正是與老師疏離程度達到相當高點的時候。因此，老師平時不可忽視學生的學習知覺，務必對學生的學習知覺持著開放的、接納的（不必視之為「贊同的」）態度。透過適當的期初與期中的學習知覺評量工具，可以讓學生平實地反應其學習知覺，也可客觀地了解學生的甚至是自己的教學知覺，以及師生之間的差異，對於促進教學效能具有輔助的宏效。

　　本校現有供老師及學生使用的期初、期中、期末教學知覺評量工具共七種，另有「醒吾技術學院教師教學資料袋簡介」乙份，該文件中對評量工具的使用，以及資料的處理和結果運用有一簡要說明。茲隨函一併奉上（在附加檔內），敬請惠予運用為荷。

　　耑此　敬頌
教綏

教務處
敬啟
教品組、課務組
民國 96 年 10 月 08 日星期一

附註：
若有需要進一步的說明或其他相關事宜，請由以下管道聯繫：
1.巡蒞教務處面洽同仁：〇組長〇〇、〇組員〇〇、〇〇〇老師、〇〇〇老師。
2.諮詢服務

服務人員	電話	E-MAIL	時間
〇〇〇	2601-5310 Ex.1209	091010@mail.hwc.edu.tw	同上班時間
〇〇〇	2601-5310 Ex.1209	096076@mail.hwc.edu.tw	同上班時間
〇〇〇	2601-5310 Ex.1205	080025@mail.hwc.edu.tw	同上班時間
〇〇〇	2601-5310 Ex.1204	091046@mail.hwc.edu.tw	同上班時間

筆記欄

筆記欄

國家圖書館出版品預行編目資料

總結性教學知覺評量與評鑑--以醒吾技術學院為例
/ 呂祖琛著. -- 初版. 臺北市：心理, 2008.11
面；　公分. --（教育行政；23）

ISBN 978-986-191-207-3（平裝）

1. 教學評量　2. 教育評鑑

521.66　　　　　　　　　　　　　　　　97020125

教育行政 23　　**總結性教學知覺評量與評鑑—以醒吾技術學院為例**

作　　者：呂祖琛
責任編輯：郭佳玲
總　編　輯：林敬堯
發　行　人：洪有義
出　版　者：心理出版社股份有限公司
社　　址：台北市和平東路一段 180 號 7 樓
總　　機：(02) 23671490　　傳　真：(02) 23671457
郵　　撥：19293172　心理出版社股份有限公司
電子信箱：psychoco@ms15.hinet.net
網　　址：www.psy.com.tw
駐美代表：Lisa Wu　　tel: 973 546-5845　　fax: 973 546-7651
登　記　證：局版北市業字第 1372 號
電腦排版：辰皓國際出版製作有限公司
印　刷　者：東縉彩色印刷有限公司
初版一刷：2008 年 11 月

定價：新台幣 150 元　　■有著作權・侵害必究■
ISBN　978-986-191-207-3

出版計畫字號：「醒吾技術學院九十七年度出版計畫第 HWB-14 號」

讀者意見回函卡

No. _____   填寫日期：　年　月　日

感謝您購買本公司出版品。為提升我們的服務品質，請惠填以下資料寄回本社【或傳真(02)2367-1457】提供我們出書、修訂及辦活動之參考。您將不定期收到本公司最新出版及活動訊息。謝謝您！

姓名：_____　　性別：1□男　2□女
職業：1□教師 2□學生 3□上班族 4□家庭主婦 5□自由業 6□其他____
學歷：1□博士 2□碩士 3□大學 4□專科 5□高中 6□國中 7□國中以下
服務單位：_____　部門：_____　職稱：_____
服務地址：_____　電話：_____　傳真：_____
住家地址：_____　電話：_____　傳真：_____
電子郵件地址：_____

書名：_____

一、您認為本書的優點：（可複選）

　　❶□內容 ❷□文筆 ❸□校對 ❹□編排 ❺□封面 ❻□其他____

二、您認為本書需再加強的地方：（可複選）

　　❶□內容 ❷□文筆 ❸□校對 ❹□編排 ❺□封面 ❻□其他____

三、您購買本書的消息來源：（請單選）

　　❶□本公司 ❷□逛書局⇨_____書局 ❸□老師或親友介紹

　　❹□書展⇨____書展 ❺□心理心雜誌 ❻□書評 ❼其他_____

四、您希望我們舉辦何種活動：（可複選）

　　❶□作者演講 ❷□研習會 ❸□研討會 ❹□書展 ❺□其他____

五、您購買本書的原因：（可複選）

　　❶□對主題感興趣 ❷□上課教材⇨課程名稱_____

　　❸□舉辦活動　❹□其他_____　　（請翻頁繼續）

廣　告　回　信
台 北 郵 局 登 記 證
台 北 廣 字 第 940 號
（免貼郵票）

 心理出版社 股份有限公司

台北市 106 和平東路一段 180 號 7 樓

TEL: (02) 2367-1490
FAX: (02) 2367-1457
EMAIL:psychoco@ms15.hinet.net

沿線對折訂好後寄回

六、您希望我們多出版何種類型的書籍

❶□心理 ❷□輔導 ❸□教育 ❹□社工 ❺□測驗 ❻□其他

七、如果您是老師，是否有撰寫教科書的計劃：□有□無

　　書名／課程：＿＿＿＿＿＿＿＿＿＿＿＿＿＿＿＿＿＿＿＿

八、您教授／修習的課程：

上學期：＿＿＿＿＿＿＿＿＿＿＿＿＿＿＿＿＿＿＿＿

下學期：＿＿＿＿＿＿＿＿＿＿＿＿＿＿＿＿＿＿＿＿

進修班：＿＿＿＿＿＿＿＿＿＿＿＿＿＿＿＿＿＿＿＿

暑　假：＿＿＿＿＿＿＿＿＿＿＿＿＿＿＿＿＿＿＿＿

寒　假：＿＿＿＿＿＿＿＿＿＿＿＿＿＿＿＿＿＿＿＿

學分班：＿＿＿＿＿＿＿＿＿＿＿＿＿＿＿＿＿＿＿＿

九、您的其他意見

＿＿＿＿＿＿＿＿＿＿＿＿＿＿＿＿＿＿＿＿＿＿＿＿＿＿

謝謝您的指教！　　　　　　　　　　　　　41423